Mit den Augen lernen
Herausgegeben von Hermann Will
Seminareinheit 2

Traute Langner-Geißler
Ulrich Lipp

Pinwand, Flipchart und Tafel

Beltz Verlag · Weinheim und Basel 1991

Über die Autoren:
Traute Langner-Geißler, Jg. 1948, studierte Betriebswirtschaftslehre und Wirtschaftspädagogik, Dipl.-Kauffrau, freiberufliche Tätigkeit in Projekten der Weiterbildung, Schlechinger Weg 13, 8000 München 80.
Ulrich Lipp, Jg. 1953, studierte Pädagogik (M.A.) mit Psychologie und Soziologie, Lehramtsstudium, freier Trainer und Berater für Industrieunternehmen, Managementinstitute und verschiedene Bildungseinrichtung, 8386 Geigenkofen 11.

CIP-Titelaufnahme der Deutschen Bibliothek

Mit den Augen lernen / hrsg. von Hermann Will. - Weinheim ; Basel : Beltz
(Beltz Weiterbildung : Seminar)
ISBN 3-407-36000-2
NE: Will, Hermann [Hrsg.]
Seminareinheit 3. Pinwand, Flipchart und Tafel / Traute
Langner-Geissler ; Ulrich Lipp. - 1991
ISBN 3-407-36003-7
NE: Langner-Geissler, Traute

Konzept und Beratung:
Prof. Dr. Kh. A. Geißler, Schlechinger Weg 13, 8000 München 80,
Prof. Dr. Bernd Weidenmann, Titurelstraße 7, 8000 München 81.
Dort erhalten Sie auch Beratung bei Praxisfragen zu diesem Programm.

Lektorat: Peter E. Kalb

Herstellung: Graphi Type Bernd Schröder, 6720 Speyer
Druck und buchbinderische Verarbeitung: Druckhaus Beltz, 6944 Hemsbach
Umschlaggestaltung: Bernd Schröder, 6720 Speyer
Printed in Germany

ISBN 3 407 36003 7

BELTZ WEITERBILDUNG

Die Vorzüge der einfachen Medien Pinwand, Flipchart und Tafel

Das Medienarsenal der Aus- und Weiterbildung ist in den letzten Jahren gewaltig angewachsen, und High Tech ermöglicht immer perfektere Bilder und Darstellungen. Aber angenommen, man müßte sich auf ganz wenige Medien beschränken und aus der Vielfalt auswählen: Pinwand, Flipchart oder Tafel - eines dieser drei ist mit Sicherheit dabei.

Der Griff auf diese einfachen und eher traditionellen Universalmedien erfolgt aus guten Gründen:

- Viele moderne Geräte bringen die Bilder nur kurz vor die Augen, für ein genaues Anschauen, das Einprägen oder auch für kritische Blicke oft zu kurz. Pinwände, Flipcharts und Tafeln sind dagegen »Dauermedien«. Darstellungen und Texte bleiben längere Zeit stehen und bewirken so mehr als nur einen flüchtigen Eindruck. Oft enthalten sie den roten Faden und zum Schluß das Ergebnis der Arbeit.

- Wenige andere Medien erlauben es, die Bilder vor den Augen entstehen zu lassen. Selbst dynamische Computeranimationen sind im Vergleich zur »live« entwickelten und auf die Gruppe abgestimmten Zeichnung auf Tafel oder Flipchart eben doch nur Konserve. Die Visualisierung wird parallel zum Lernprozeß erstellt, sie ist flexibel, kann jederzeit verändert oder erweitert werden. Gerade diese Eigenschaften machen Tafel, Flipchart und Pinwand so unentbehrlich.

- Pinwand, Flipchart und Tafel sind darüber hinaus ganz einfach zu benützen: keine Kabel, keine durchbrennenden Lämpchen, keine fehlenden Stecker oder komplizierte Software. Mit Filzstiften oder Kreide kann jeder umgehen - ohne Gebrauchsanweisung oder Einführungskurs.

- Deshalb eignen sich diese drei »einfachen« Medien so gut für die aktive Arbeit in der Gruppe. Viele andere Medien führen etwas vor, der Betrachter bleibt passiv, hat keinen Einfluß auf die Bilder, kann selten mit und an ihnen arbeiten. Jeder Erwachsene vermag dagegen Tafel, Flipchart oder Pinwand selbst aktiv zu gestalten. Er stellt mit seinen eigenen Bildern und Darstellungen seine Ideen der Gruppe vor.

In der einfachen Handhabung liegt allerdings auch eine Gefahr: Weil sich eine Visualisierung an Tafel oder Pinwand manchmal aus dem Ärmel schütteln läßt, ist der Anspruch recht wenig verbreitet, daß das Arbeiten mit den drei Medien solides und erlernbares Handwerk ist.
Das zu vermitteln, ist Ziel dieses Heftes. Dabei wollen wir sowohl dem Anfänger, als auch dem Profi mit jahrelanger Erfahrung gerecht werden.

Im ersten Teil werden in jeweils eigenen Kapiteln (1-3) die Geräte Tafel, Flipchart und Pinwand mit ihren Varianten vorgestellt, dazu die Grundausstattung, die speziell auf ein Medium zugeschnitten ist.

Das vierte Kapitel zeigt die große Palette der Gestaltungsmöglichkeiten.

Die Frage nach dem optimalen Einsatz der drei Medien in der Aus- und Weiterbildung wird im letzten Kapitel beantwortet.

Tafel und Tafelvariationen

Kreidetafeln stehen auf der »Roten Liste« der aussterbenden Arbeitsmedien in der Aus- und Weiterbildung. Dabei sind alle die Medien, die sie ersetzen (Whiteboard, Flipchart und Pinwand) mehr oder weniger nah verwandte Nachkommen. In manchen Situationen ist die gute alte Tafel aber diesen Medien zumindest ebenbürtig. Deshalb ist sie hier auch an den Anfang gestellt.

Die moderne Kreidetafel und ihr Zubehör

Abb.1: Die Kreidetafel - bewährtes Fossil im neuen Kleid

Die Standardtafel besteht aus einer Mittelfläche (ca. 200 cm x 120 cm) und zwei ausklappbaren Seitenflügeln, sie ist nach oben und unten verschiebbar, sonst aber meist fest an der Stirnwand eines Arbeitsraumes montiert. Erleichtert wird das Auf- und Abschieben durch hinter der Tafel versteckte Ausgleichsgewichte. Die Schreibflächen sind dunkelgrün verschiefert, kunststoffbeschichtet oder - in den besseren Ausführungen - dunkelgrün stahlemailliert. Geliefert werden Tafeln mit allen möglichen Lineaturen. Prak-

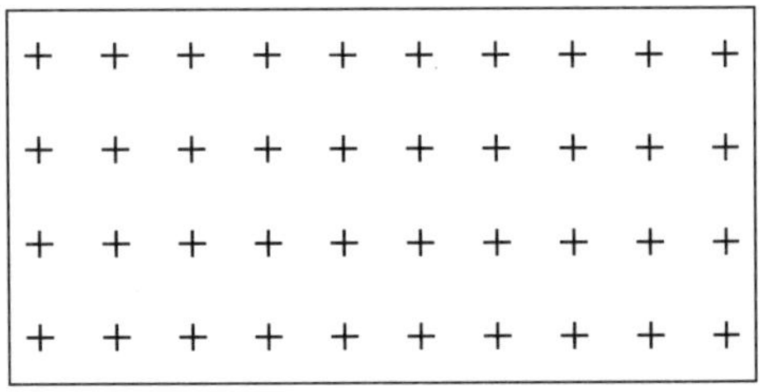

Abb.2: Das Kreuzkaro, eine unaufdringliche, aber nützliche Tafellineatur.

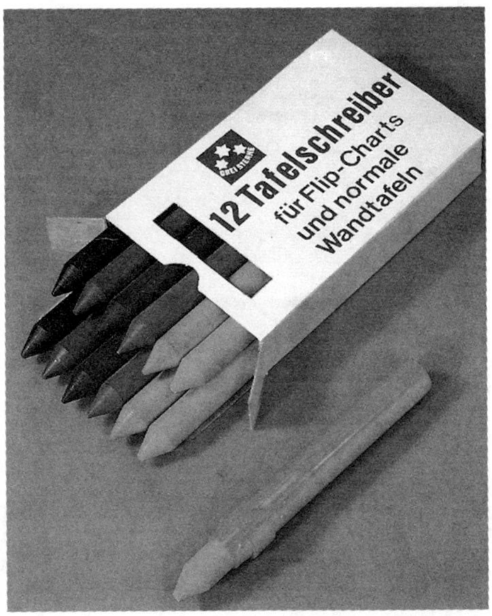

Abb.3: Tafelschreiber - eine der staubfreien Alternativen zur Kreide - erfordern kräftiges Andrücken.

tisch ist das Kreuzkaro (Vgl. Abb. 2). Zur Ausstattung der Standardtafel gehören die Aluschiene am unteren Rand und ein Kreide- und Schwammbehälter.
Eine nützliche Zusatzausstattung bleibt den Benutzern auf den ersten Blick verborgen: Die Oberfläche eines Tafelflügels besteht oft aus durchsichtigem Kunststoff und ist aufklappbar. Dahinter lassen sich Pläne, Karten, Bilder usw. einspannen. Auf die durchsichtige Fläche kann man wie auf einer ganz normalen Oberfläche schreiben. Die Originale können so ohne Beschädigung überzeichnet, erweitert und verändert werden.

Das »staubige Prestige« hat die Tafel von ihrem exklusiven Schreibgerät: der Kreide. Weiße Kreide wird in etwa 10 cm langen Stücken mit rundem oder eckigem Querschnitt angeboten. Moderne Kreide ist so aufbereitet, daß sie beim Schreiben weder quietscht, noch übermäßig staubt. Trotzdem gibt es heute noch Kreidestaub-Allergien. Viel empfindlicher als Menschen reagieren allerdings Disketten auf Kreidestaub, deshalb ist normale Kreide in Räumen mit Computern tabu. Ersatz gibt es in Form der sog. »staubfreien Kreiden«, nach dem Ursprung ihres Rohstoffs auch »Champagner-Kreiden«genannt. Sie ist allerdings extrem hart und verkratzt manche Tafeloberflächen. Staub fällt nur in ganz geringen Mengen an.

Absolut staubfreie Alternativen gibt es als sogenannte Tafelschreiber, die nur naß abgewischt werden. Sie eignen sich auch für Flipcharts, erfordern aber auf allen Flächen ein starkes Andrücken.

Kreiden werden in vielen Farbtönen angeboten, wobei helle, leuchtende Farben immer vorzuziehen sind. Kreidestriche werden kräftiger und intensiver, wenn Kreide und/oder

Schreibfläche angefeuchtet werden.
Über das Löschen der Tafel hat beinahe jeder Lehrer oder Dozent seine eigene Philosophie entwickelt, gleich sind aber meistens die Arbeitsgeräte: Baumwollappen und Schwamm. Einige Spezialisten empfehlen auch ein Gerät, wie es zum Fensterputzen verwendet wird. Die Feuchtigkeit wird dabei mit einem Hartgummistreifen entfernt. Allerdings wird auch hier eine Nachbehandlung mit dem Lappen notwendig sein, um eine streifenfreie Oberfläche zu erzielen.

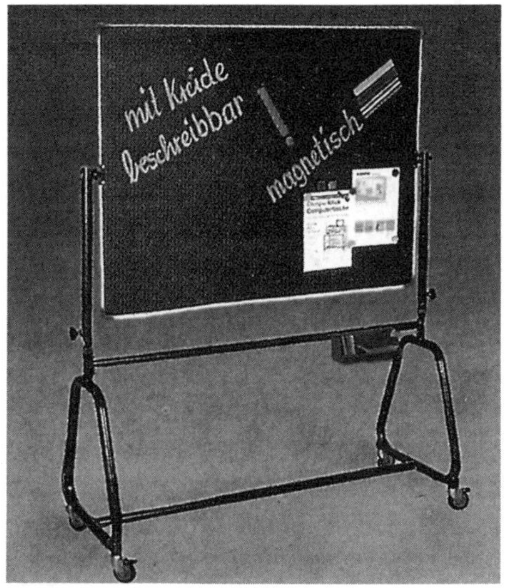

Abb.4: Eines von vielen fahrbaren Modellen

Fahrbare Tafeln haben keine Flügel, um die Standfestigkeit zu erhöhen und um Gewicht zu sparen. Bei manchen freistehenden bzw. fahrbaren Modellen ist die Schreibfläche auf einer Achse drehbar und so zweiseitig zu verwenden. Festmontierte Tafeln für die Wände mit Alurahmen und Kunststoffecken gibt es zwischen 1 m^2 und den Maßen 300 cm x 120 cm. Nur ganz alte Wandtafeln sind noch aus Holz. Bei neuen Modellen sind alle Beschichtungen bis hin zur Stahl-Emaille-Oberfläche lieferbar.

Der Vorteil des Vorläufigen

Hartmut von Hentigs »Loblied« auf die Tafel (Vgl. Kasten) gilt nicht nur für den Unterricht in der Schule, dieselben Verwendungsmöglichkeiten ergeben sich auch bei der Arbeit mit Erwachsenen. Allerdings gelten die meisten dieser Vorteile genauso für Pinwände und Flipcharts. Lediglich der Vorteil des problemlosen »Schwamm drüber« macht

Hartmut von Hentigs Plädoyer für die Schultafel gilt auch für die Erwachsenenbildung (1984, S. 22 f)

»Hätte ich unter alten und neuen Unterrichtsmitteln ein einziges zu wählen, ich wählte Tafel-und-Kreide. Was macht dieses Mittel so brauchbar?
– Es ist universal.
– Es ist einfach, in jedem Augenblick und auch ohne Vorbereitung zu handhaben.
– Es erlaubt beispielsweise, während ich rede, ein neues Wort, einen unbekannten Namen, das Gehörte und Gemeinte auch vor das Auge der Schüler zu bringen.
– Es läßt diese miterleben, wie die Erklärung, die ich gebe, zustande kommt, wie eine Ordnung entsteht, wieviel Zeit das braucht und wie nützlich und befriedigend Klarheit, Verständlichkeit, Gegensatz und Unterscheidung sind.
– Ich bin vor allem ganz frei in der Verwendung dieses Mittels, ich kann es nebenbei benutzen oder zum Haupteffekt machen; ich kann dazu reden oder dazu schweigen, ohne die Aufmerksamkeit der Schüler zu verlieren; ich kann Fehler schnell beseitigen; ich kann die Schüler an einer gemeinsamen Operation beteiligen: »Und wie fälle ich jetzt das Lot? – willst du's versuchen, Gertrud?«

Mut, in der Phase des noch ungeordneten Sammelns und sich Äußerns: Irrtümer können schnell behoben werden.

Die Aspekte Sparsamkeit und Umweltverträglichkeit erwähnt von Hentig nicht. Tafeln sind zwar in ihren Anschaffungskosten sehr viel teurer als Flipchart und Pinwand, es entstehen aber, von der Kreide abgesehen, keine weiteren Kosten, und die Tafelarbeit produziert im Gegensatz zu Flipchart und Pinwand keinen neuen Müll, außer Kreidestaub.

Elternschule: eine Erfahrung

Die unangenehme, weil angstbesetzte Erinnerung an die Schultafel wurde für mich wiederbelebt, als ich zum ersten Elternabend, eingeklemmt in die Schulbank meines Sohnes, die Atmosphäre rund um die Tafel wahrnahm: eine schlecht geputzte Fronttafel (ich stelle mir den Widerwillen des Tafeldienst-Kindes vor), der Geruch von oft ausgedrückten aber nie richtig getrockneten Schwämmen, verkreidete Putzlappen, die beim Aufnehmen stauben, modrig-feuchte Kreide, wecken eine Reihe unangenehmer Gefühle. Daß nicht nur ich solche Assoziationen habe, beweist das Bemühen der Lehrerinnen, für die Elternabende den Overhead-Projektor zu bemühen und die Tafel derweil zuzuklappen. Wenn die Verlängerungsschnur dann endlich gefunden ist, genießt man entlastet das Privileg der technisierten Darstellungen.

Abb. 5:
Kreidetafeln wecken nicht immer gute Erinnerungen.

Ein großes Problem im Umgang mit dem Medium Tafel sind die vielen negativen Assoziationen: In der Erinnerung vieler Erwachsener ist die Tafel unerreichbar groß, bedrohlich dunkel. Die angstauslösende Schultafel mit ihrer gähnenden Leere, ihren herausfordernden Fragezeichen wurde vom Lehrer häufig als Machtinstrument benutzt. Er war es, der die Aufforderung aussprach, an die Tafel zu kommen. Für manchen Schüler geriet das zum Martyrium, an das man als Erwachsener auf keinen Fall erinnert werden möchte, auch nicht durch Tafel und Kreide.

Aber nicht nur deshalb wird die Tafel heute gerne gemieden: Warum sollen wir uns die Finger schmutzig machen, unsere Sakkos und Kostümjacken mit Kreidestaub pudern, wenn es doch inzwischen viel sauberere Möglichkeiten gibt? Erwachsene möchten auch an der Fortschrittlichkeit der Medien erkennen, daß sie sich weiterentwickelt haben und nicht zurückfallen in weit zurückliegende Lernabhängigkeiten.

Tatsächlich finden wir die althergebrachten Tafeln kaum noch in neu errichteten Bildungsstätten von Volkshochschulen, Schulungszentren großer Betriebe und moderner Berufsbildungszentren, von Tagungshotels ganz zu schweigen. Und dort, wo sich Erwachsenenlernen nach Schul-

Schultafel, rechteckige Tafel auf ein- oder mehrfach sperrig zusammengepreßtem Holz mit schwarzem Anstrich, zuweilen auch mit Schieferbelag oder ganz auf Schiefer bestehend, auf die mit weißer oder bunter Kreide geschrieben oder gezeichnet wird. Die T. hängt entweder an der Wand oder steht auf einem Gestell. Vergrößerung des Schreibraums wird durch Verwendung von Schiebe-, Klapp- oder Schwenktafeln ermöglicht. Vielfach werden in neuen Schulbauten die Wandflächen der Klassenzimmer mit Linoleum belegt, auf dem in derselben Weise wie auf der T. gearbeitet werden kann.

Aus: Der Große Brockhaus, 18. Band, Leipzig 1934

Am Anfang...
Es gibt Tafeln, seit Menschen das Bedürfnis hatten, sich in Zeichen auszudrücken. Die ersten Dokumente, die überliefert sind, finden wir in den Zeichnungen der Höhlen von Lascaux auf "Steintafeln" (18000 v. Chr.).
Um 3000 v. Chr. erfanden mehrere Völker leicht verständliche Bildzeichen, die in feuchte Tontafeln geritzt oder auf Schiefer geschrieben wurden.
Die Hieroglyphen der Ägypter als Sprache mit Zeichen für Begriffe wurden auf Tontafeln festgehalten und auf Papyrosgeflecht gemalt.
Das Ugaritische Alphabet wurde uns auf getrockneten Tontafeln überliefert (1300 v. Chr.).
Im Mittelalter waren Wachstafeln und Griffeln die universalen Schreibgeräte.

schluß in Klassenräumen vollzieht, ist es gut, als Dozent lernhemmende Schulassoziationen zu vermeiden.

Die lange Geschichte der Tafel (s. Kasten) ist damit nicht zu Ende, die Tafel lebt in neu entwickelten Varianten, aber auch integriert in multifunktionale Kommunikationssysteme (Vgl. Kapitel Pinwand) weiter.

Abb.6: Der Wischer, Zubehör für Whiteboards

Whiteboards und andere Tafeln ohne Kreide

Den Whiteboards fehlt das drohende Dunkel der herkömmlichen Tafel, es sind weiße Tafeln (die deutsche Übersetzung hat sich allerdings nicht durchgesetzt) mit Beschichtungen aus Kunstharz oder Emaille, die mit trocken abwischbaren Filzstiften, seltener mit speziellen Kreiden beschrieben werden. In den Stiften (Whiteboardmarker) liegt auch das Problem: Oft werden die Boards versehentlich mit normalen Filzstiften beschrieben (für diesen Fall gibt es im Zubehörhandel ein Spezialreinigungsmittel). Bei einigen Stiften muß allerdings die Tafel mit einer Reparaturfolie neu bezogen werden.

Ein praktisches Zubehör ist ein Reinigungsgerät etwa in Form einer Bürste, nur sind die Borsten durch ein Reinigungstuch ersetzt. Ein einfacher Lappen erfüllt zwar denselben Zweck, hat aber den Nachteil, daß man den Filzstiftstaub an den Händen hat.

Magnettafeln

Magnettafeln gibt es als Stahltafel, die als Haftgrund für bewegliche Magnete bzw. für mit Magneten versehene Gegenstände dienen. Ein anderer Typ ist die vollmagnetische Tafel, auf der alle Gegenstände aus Eisen sowie eisenhaltige, eisenbeschichtete Papiere und Folien haften.

Auf Stahlblechtafeln lassen sich mit kleinen Magneten Papiere jeder Größe befestigen ohne Nadeln oder Klebestreifen. Das ist die einfachste und gebräuchlichste Nutzung. Mit vorgefertigten Figuren und Elementen, die an der Magnetwand haften, lassen sich »bewegte Bilder« herstellen, die z.B. im Fahrschulunterricht eingesetzt werden.

Gute Kreidetafeln, aber auch Whiteboards haben heute eine Oberfläche aus Stahlemaille, auf der Magnete haften.

Kletten- und Tuchtafeln

Klettentafeln bestehen in der Regel aus Nylon oder Perlonfasern,die zu vielen kleinen Schlingen gewirkt sind. So entsteht eine Haftfläche, auf der sich Gegenstände mit entsprechenden Kletten befestigen lassen. Das Tafelbild kann mit einer solchen Ausstattung plastisch aufgebaut werden.

Auch Filz-, Flanell-, Molton- und andere Tuchtafeln ermöglichen eine derartige Visualisierung. Ein Nachteil dieser Tafeln besteht darin, daß man auf ihnen nicht schreiben kann, außer man bespannt sie mit Packpapierflächen.

(Im übrigen zeigt sich hier ein nahtloser Übergang von der Tafel zur Pinwand).

Flipchart - die transportable Papiertafel

»Flipchart« hat sich als Begriff trotz einiger Versuche, deutsche Bezeichnungen wie »Schulungstafel« oder »Papierständer« einzuführen, durchgesetzt. Während im englischen Sprachraum Ständer und Papierbögen als flipchart bezeichnet werden, wird bei uns oft unterschieden in Flipchartständer und Flipchartpapier. Es gibt auch Trainer, die sprechen von Flips und meinen das Papier, andere bezeichnen die Papierbögen als Charts, was der Übersetzung des Begriffs noch am nächsten kommt. Flip, das bedeutet im Englischen u.a. Ruck oder Schwung, und als Verb nach hinten schnippen, während Chart ursprünglich die Seekarte war. Auch die Schreibweise ist unklar: Man findet Flip Chart, Flip-Chart und Flipchart, und auf diese letzte Schreibweise haben wir uns auch geeinigt.

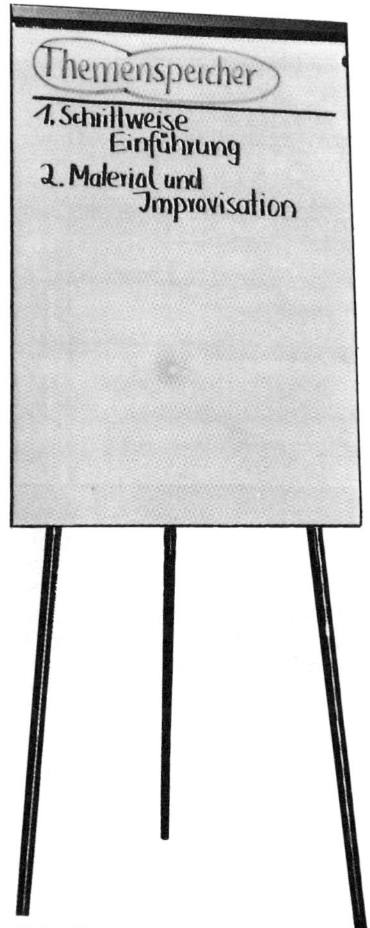

Abb. 7:
Ein Flipchart

Der Standard-Flipchartständer

Abb. 8: Auch das Flipchart ist nicht ganz neu: Neo-barockes Edelflipchart

Das Flipchartssystem besteht aus einem dreibeinigen zusammenklappbaren Gestell mit fest aufmontierter Schreibunterlage. Auf dem Gestell wird ein Block mit Blättern in der Größe von 70 x 100 cm oder auch 65 x 95 cm befestigt. Die Hersteller bieten verschiedene Ausführungen von Flipcharts an: Konstruktionen aus Blech, Aluminium oder rostfreiem Stahl, aber auch Versionen in Holz. Sie unterscheiden sich im Gewicht und in der Qualität der Verarbeitung.

Auch die Papierhalterungen sind verschieden. Problemlos sind die Klemmschienen, sie passen für alle Papierarten. Beschriebenes Papier wird einfach nach hinten geklappt. Wenn man an dieser Schiene mit einer Nadel oder einem anderen spitzen Gegenstand entlangfährt und so das Papier anritzt, lassen sich die Blätter sauber und gerade abtrennen. Bei manchen Systemen werden die Bögen auf zwei Zapfen hinter einer Verblendung befestigt. Seltener sind Flipchartständer mit zwei Bügeln, in die das Papier wie bei einem Ordner eingehängt wird. Dafür eignen sich gebundene Blöcke weniger als lose Blätter.

Es gibt keine Normierung für die Halterungen, deshalb werden handelsübliche Papiere oft mit mehreren Löchern angeboten, damit sie für möglichst viele verschiedene Systeme passen. Ratsam ist es auf alle Fälle, vor einer Veranstaltung schon einen Blick auf den Flipchartständer und vor allem auf seine Befestigungstechnik zu werfen. Dabei wird auch gleich die Standfestigkeit geprüft.

Der Siegeszug des Flipcharts in diesen verschiedenen Ausführungen durch die Aus-und Weiterbildungseinrichtungen hat verschiedene Gründe: Das Gerät ist im Gegensatz zur Tafel in jeden Raum, zu jeder Gruppenarbeit und selbst ins Freie mitzunehmen. Durch das Umblättern ist eine Notiz sofort verschwunden, aber sie kann - ganz anders als beim Löschen der Tafel - sofort wieder hervorgeholt werden. Die Papiergröße entspricht meist noch den Anforderungen der Visualisierung auch in etwas größeren Gruppen, und doch sind Flipchartbögen kleiner und handlicher als Pinwandbespannungen aus Papier und auch viel leichter mitzunehmen und zu archivieren. Nicht zuletzt kann ein Flipchartbogen auch auf dem Tisch beschriftet werden.

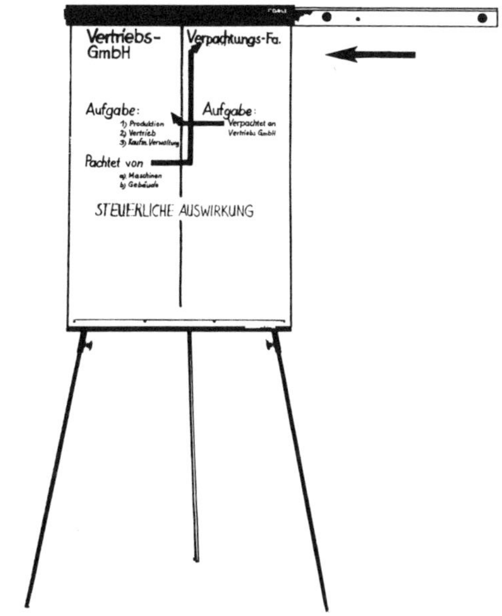

Abb. 9: Praktisch: Zusätzliche Schienen zum Ausschieben oder Ausklappen.

Varianten und Extras

Eine Miniaturvariante ist das Tischflipchart. Es wird im Format DIN A4 angeboten und ist sinnvoll einsetzbar in kleineren Kreisen am »runden Tisch«.

Ein praktisches Extra an Flipchartständern ist eine ausziehbare oder klappbare Schiene, an der ein fertiges Papier neben dem gerade in Arbeit befindlichen aufgehängt werden kann (Abb. 9). Bei manchen Modellen ist die Klemmleiste zugleich Abrißkante, die ein sauberes Abtrennen einzelner Blätter garantiert. Die meisten Flipcharts haben Schreibflächen aus Metall, die wie Whiteboards zu beschriften sind.

Wer darauf angewiesen ist, ein Flipchart mit seiner Höhe von ungefähr 180 cm öfter im Auto zu transportieren, wird die Modelle vorziehen, bei denen die Standbeine des Drei-

Abb. 10: Der Rollchart, eine Alternative

beinstativs einschiebbar sind. Das System ist dann recht handlich und hat im PKW auf der Rückbank Platz.

Es gibt Konstruktionen, die zwar nicht mehr Flipcharts im engeren Sinn der Umblättertechnik sind, aber auch keine Tafeln und keine Pinwände. Dazu gehören »Rollcharts«. Bei einem Modell steht eine Holzschreibfläche auf zwei stabilen Beinen wie eine Pinwand. Zwischen den Füßen hängt eine Papierrolle auf einer Stange. Das Papier wird über die Schreibfläche geführt und nach dem Beschriften abgeschnitten oder abgerissen. Hier passen verschiedene Rollengrößen. Auch Restrollen, die in allen Druckereien anfallen, können verwendet werden. Ein Nachteil dieser Konstruktion ist das zur Standfestigkeit nötige hohe Gewicht.

Papierrollen lassen sich auch direkt an der Wand befestigen, Schreibunterlage ist die Wand selbst. Ein Nachteil ist die Festmontage. Das gilt auch für Wandhaken zum Aufhängen von normalen, gelochten Flipchartpapieren. Praktisch sind solche Haken allerdings zum »Ausstellen« von Arbeitsergebnissen auf fertigen Plakaten nach einer Präsentation oder für Reservepapier.

Standardpapiere

Die Papierblöcke bzw. die Einzelblätter für das Flipchart werden in verschiedenen Qualitäten angeboten: festeres Papier (ab 100 g/m^2) und leichteres. Für Visualisierungen, die aufbewahrt und mehrfach verwendet werden, empfiehlt sich das festere Papier. Blätter, die während der Gruppenprozesse entstehen und nur für diese eine Gruppe wichtig sind, können dagegen dünner sein.

Flipchartbögen aus Recyclingpapier reduzieren Umweltbelastungen. Bei der Anschaffung ist auf ausreichende Festigkeit des Papiers zu achten, damit die Löcher bei der Befestigung an Bügeln nicht ausreißen. Flipchartpapier gibt es unliniert (blanco) und kariert. Die üblichen Quadrate haben eine Seitenlänge von 25 mm. Das Karo wird je nach Hersteller hellblau, hellgrün oder grau angeboten.

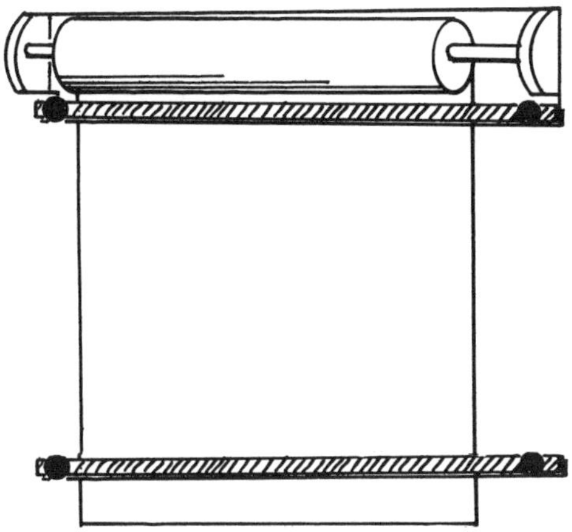

Abb. 11: Die Rolle an der Wand

Manchmal stören die Karos, z.B. bei figürlichen Zeichnungen, doch in vielen Fällen sind sie hilfreich:

- das Karo garantiert gleichmäßiges horizontales Schreiben auf der Linie;
- Linien und Unterstreichungen sind leichter zu ziehen;
- die Zeilenabstände sind gleichmäßiger;
- die Einteilung des Blattes fällt leichter, und die Bögen werden übersichtlicher.

Manchmal erscheinen die Karos allzu auffällig und wecken Assoziationen zum Rechenpapier aus der Grundschule. Wenn man die Bögen umdreht und auf die Rückseite schreibt, schimmern die Karos noch schwach durch, so daß ihr Nutzen für den Schreiber gerade noch da ist.

Für einige Graphiken sind mit Bleistift gezogene Hilfslinien sinnvoll. Gute Dienste leistet dabei eine Reißschiene, die an der Außenkante der Schreibfläche geführt wird. So werden die Linien parallel.

Werden Flipchartbögen teilweise mit Selbstklebefolie kaschiert, so lassen sich diese Flächen mit wasserlöslichen

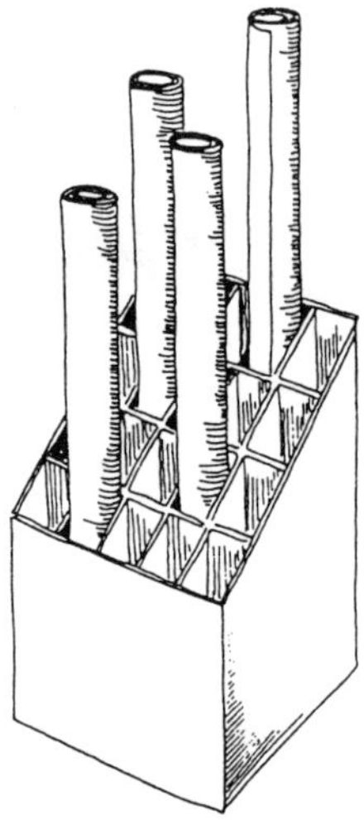

Filzstiften beschreiben. Die Schrift ist dann ganz einfach mit einem feuchten Lappen wieder zu löschen. So kann ein vorbereitetes Blatt öfter verwendet werden.

Für den Transport werden Flipchartbögen am besten nach hinten aufgerollt, damit sie später gerade hängen. Zum Schutz vor Transportschäden gibt es verschließbare Papprollen, sogenannte Versandrollen, mit verschiedenen Durchmessern. Abschnitte von Rollen, auf denen Teppichböden aufgewickelt waren, haben sich in unserer Arbeit auch bewährt.

Abb. 12: Zwei Möglichkeiten, Flipchartbögen zu archivieren (aus BRANDT, S. 69f)

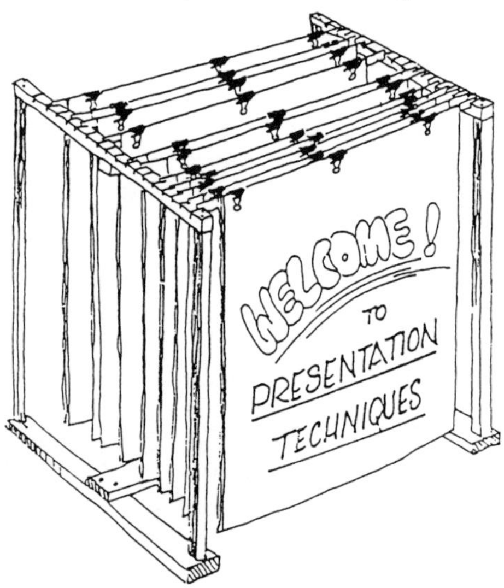

Wer viele Bögen archivieren will oder muß, kann dazu Regale verwenden, die aussehen wie überdimensionale aufgestellte Weinregale. In ihnen werden Blätter als Rollen, die zum Identifizieren außen beschriftet sind, aufbewahrt.

Praktisch sind auch Ständer, in denen die Blätter im ungerollten Zustand aufgehängt werden; das erleichtert auf alle Fälle den Überblick, braucht aber viel Platz. Eine sehr strenge Auswahl vor dem Aufbewahren der Blätter ist in jedem Falle anzuraten, nur wirklich gelungene oder sehr zeitintensive Visualisierungen verdienen es, archiviert zu werden.

Die Pinwand - ein Universalmedium

Die Pinwand hat ihren Namen von ihrem wichtigsten Zubehör: den Nadeln oder pins. Die Nadeln sind auch das, was die unterschiedlichsten Baumuster und Spielarten miteinander verbindet: Es sind alles Tafelflächen, in denen sich Stecknadeln ohne Hilfsmittel leicht befestigen lassen.

Die Standardpinwand

Pinwände gehören heute zum beinahe selbstverständlichen Mobiliar jeder Bildungsinstitution und fast aller Weiterbildungsabteilungen der Betriebe. Sie sind zentrale Medien der Visualisierung, durch sie werden die Inhalte des Lehr-Lern-Prozesses von Gruppen optisch sichtbar gemacht. Das Arbeiten mit Pinwänden ermöglicht eine aktive und gleichzeitige Teilnahme aller Mitglieder einer Lerngruppe oder in moderierten Besprechungen.

Moderne Pinwände bestehen aus beschichtetem Hartschaum mit Leichtmetallrahmen, der inzwischen (wie auch die Beine) in allen möglichen Farben geliefert wird. Die Pinwandfläche hat eine Breite von ca. 125 cm und ist ca.

Abb. 13: Ein Vorläufer der Pinwand ?

Abb. 14:
Klappbare Pinwände mit »Pinguin-Füßen«

150 cm hoch. Pinwände unter 1 m^2 und Schmalformate sind selten brauchbar. Die Beine sind etwa 40 - 50 cm lang, so daß sich eine Gesamthöhe von annähernd 200 cm ergibt. Einige Modelle sind mit wenigen Handgriffen höhenverstellbar. Ein Nachteil mancher Konstruktionen ist, daß sie nur hochkant und nicht auch quer befestigt werden

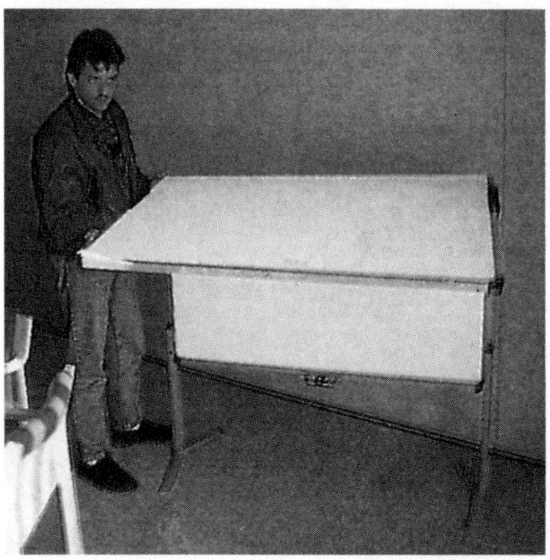

Abb. 15: Die Pinwand fürs Reisegepäck

können. Für besondere Gestaltungsvarianten eignet sich das Querformat besser.

Pinwände lassen sich ohne Kraftanstrengung tragen und hin- und herschieben, das Gesamtgewicht liegt bei nur etwa 6 kg. Das ist ein unbestreitbarer Vorteil gegenüber vielen Flipcharts. Die Arbeitsfläche der Pinwand ist in der Regel weiß oder hellbeige kartoniert, es gibt sie auch mit zusätzlicher Filztuchbespannung.

Die Fußteile bzw. Ständer sind leicht nach außen oder innen gedreht und sehen aus wie »Pinguin-Füße«. Bei neueren Modellen sind sie verdrehsicher befestigt. Pinwände sind dadurch erstaunlich standfest, kippen selten und lassen sich auch gut gestaffelt hintereinander bereitstellen.

In der beschriebenen Standardform hat die Pinwand entscheidende Vorzüge, die sie mehr und mehr zum Universalmedium in der Aus- und Weiterbildung werden läßt: Die Pinwand ist so groß, daß auch umfangreichere Visualisierungen auf ihr Platz finden. Alle angenadelten Karten und Papiere sind mit wenigen Handgriffen umzuhängen. Die Pinwand ist beidseitig zu verwenden und, gemessen an Flipchartständern und besonders an den Tafeln, vergleichsweise preisgünstig.

Die Pinwand ist gruppentauglich, d.h. man gibt einer Kleingruppe zum Arbeiten einfach eine Pinwand und Material mit. Dabei spielt der Ort für diese Gruppenarbeit kaum eine Rolle, es kann auch im Freien gearbeitet werden. Das verweist schon auf das Hauptargument für Pinwände: Sie sind leicht und mobil. Ich führe nicht die Gruppen zu einem Medium, sondern ich bringe das Medium Pinwand in die Gruppe.

Leicht und mobil ist die Pinwand als Ganzes, aber auch in ihrer zerlegbaren Variante im Auto. Diese Klapp-Pinwand (Abb. 15) läßt sich in einer Spezialtragetasche für Reisende in Sachen Training bequem unterbringen.

Was es noch so alles gibt

Es existieren allerdings auch viele Geräte, die zwar als Pinwände bezeichnet werden, aber oft den Mindestanforderungen für die Pinwandarbeit nicht gerecht werden.

Da gibt es neben »Zwergpinwänden«, die die Größe eines Flipchartbogens oft noch unterbieten, Modelle, an denen eigentlich nur mit einem Hammer zu arbeiten ist, weil keine noch so kräftige Hand eine Nadel einzudrücken vermag. Das kann an einer Preßspanplatte liegen, die sich unter einer dünnen Bespannung verbirgt, an laienhaften Kork-Renovierungen mit einem Klebstoff, der steinhart wird, oder an undurchdringlichen Farbanstrichen.

Abb. 16: Vorsicht, wenn Pinflächen so befestigt sind!

Manche Pinwände lassen sich wegen ihres Gewichts allein kaum umstellen. Ähnlich ist das bei Pinwänden, bei denen eine Arbeitsfläche nur ganz locker in zwei Eisenfüße eingehängt wird (Abb. 16).

Alle diese Modelle und dazu noch ganz abenteuerliche Eigenbauversionen stammen aus den Zeiten, in denen die Pinwände nur als Ausstellungsfläche oder Raumteiler - und das nur gelegentlich - benutzt wurden. Dabei kam es auf Mobilität und leichte Handhabung nicht weiter an. Erstaunlich ist nur, daß diese Antiquitäten nicht längst ausgewechselt wurden.

Das ist nicht überall so. Besonders dort, wo mit Moderationstechniken gearbeitet wird, gibt es oft nicht nur eine große Zahl von normalen Pinwänden, sondern auch »multifunktionale Kommunikationswände«. Sie enthalten je nach Ausführung nicht nur Pinwandflächen mit und ohne Filzbespannung, sondern auch Schreibtafeln, die mit Whiteboardmarkern beschriftet werden können, neigbare Projektionswände und Haken oder Klammern zum Befestigen von Flipcharts. Die einzelnen Tafeln lassen sich übereinander, aber auch nebeneinander schieben. Der Nachteil dieser Kombination ist die Notwendigkeit, sie fest zu installieren, Mobilität geht verloren.

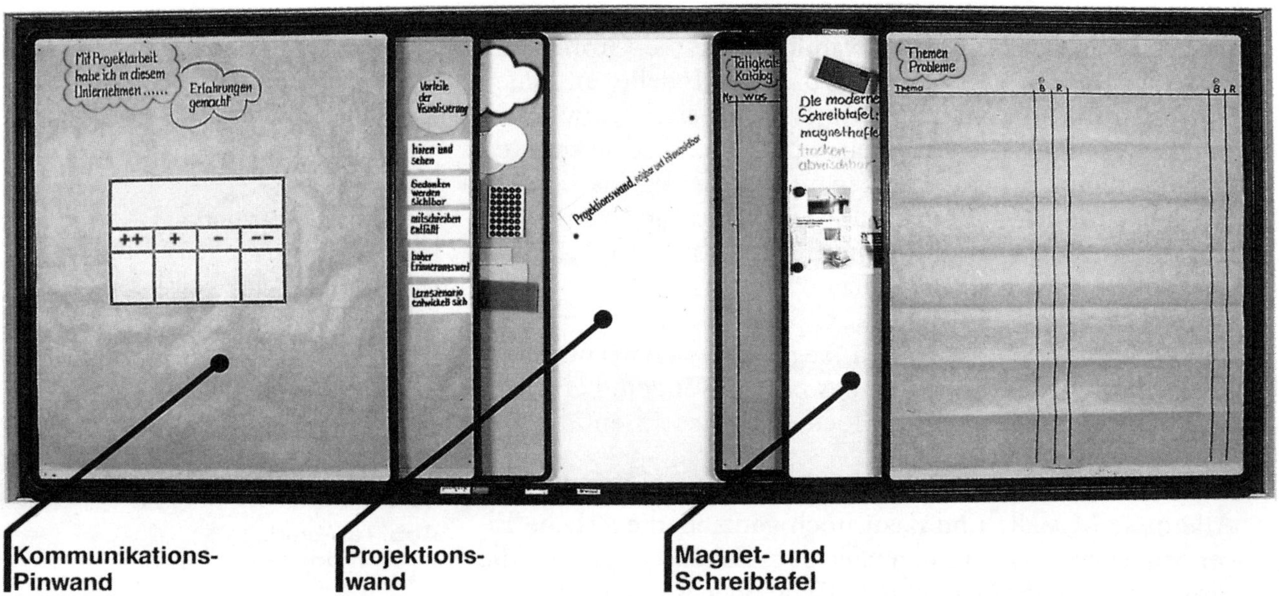

Abb. 17: Die »multifunktionale Kommunikationswand«

Es müssen nicht immer gleich diese aufwendigen Kommunikationswände sein, wir haben auch schon mit ganz einfachen Pinwandsystemen, die jeder halbwegs geübte Heimwerker selbst bauen kann, sehr gute Erfahrungen gemacht.

Diese »Selbstbaupinwand« ist zum einen für Gruppen gedacht, die Schwierigkeiten haben, Geld für eine neue Standardpinwand aufzubringen, und zum anderen für umweltbewußte Menschen, die mit Unbehagen an den oft noch mit FCKW aufgeschäumten Pinwandplatten arbeiten.

Die »Recycling-Pinwand« steht auf zwei Holzbeinen, die mit ihrer Länge von 190 cm auch noch im Auto zu transportieren sind. Die zweigeteilten Pinflächen bestehen aus einem einfachen Rahmen aus Holzleisten. Darauf wird mit einem Tacker beidseitig eine steife und außen glatte Wellpappe befestigt. Zur besseren Optik kann die Oberfläche auch noch mit Kork, Tapeten, Filz usw. bezogen werden. Dabei sind allerdings Klebstoffe zu meiden, die so hart werden, daß man beim Annadeln Schwierigkeiten bekommt. Die Füße werden an den Pinflächen angeschraubt.

Für Workshops und Großveranstaltungen wurden Pinwände entwickelt, bei denen eine Arbeitsfläche in einen stabilen Ständer aus Pappe gesteckt wird.

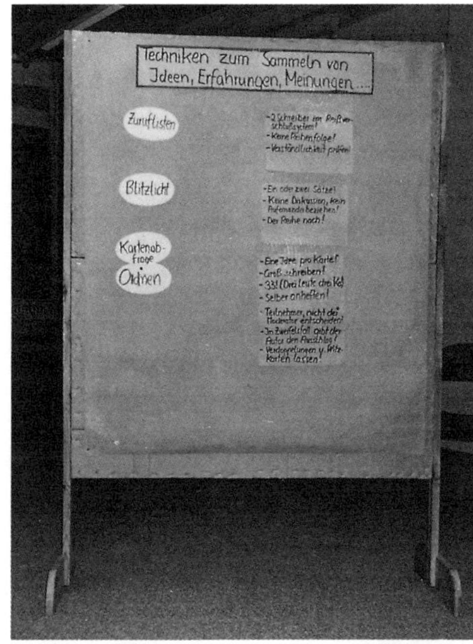

Abb. 18: Es geht auch so: Die Eigenbaupinwand

Die Grundausrüstung für die Pinwandarbeit

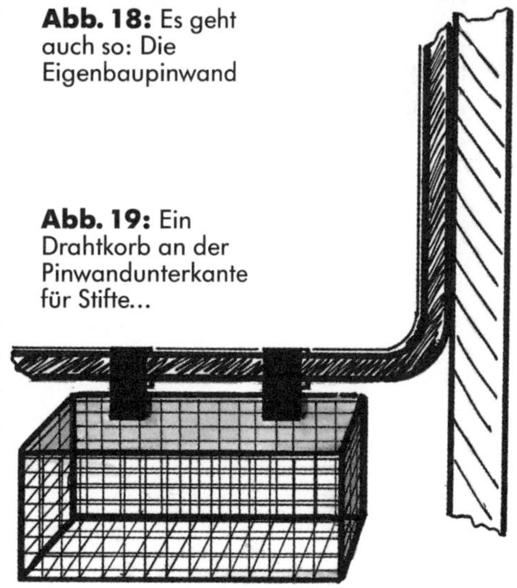

Abb. 19: Ein Drahtkorb an der Pinwandunterkante für Stifte...

Wer mit Standardpinwänden arbeitet, hat in seinem Gepäck einen Imbusschlüssel, mit dem bei vielen Modellen die Beine verstellt und fixiert werden können. Dieses Werkzeug steckt normalerweise in den Pinwänden, aber erfahrungsgemäß fehlt es häufig.

In unserer Arbeit hat sich ein kleiner Drahtkorb („Wupket") bewährt, der mit zwei Klammern an der Pin-

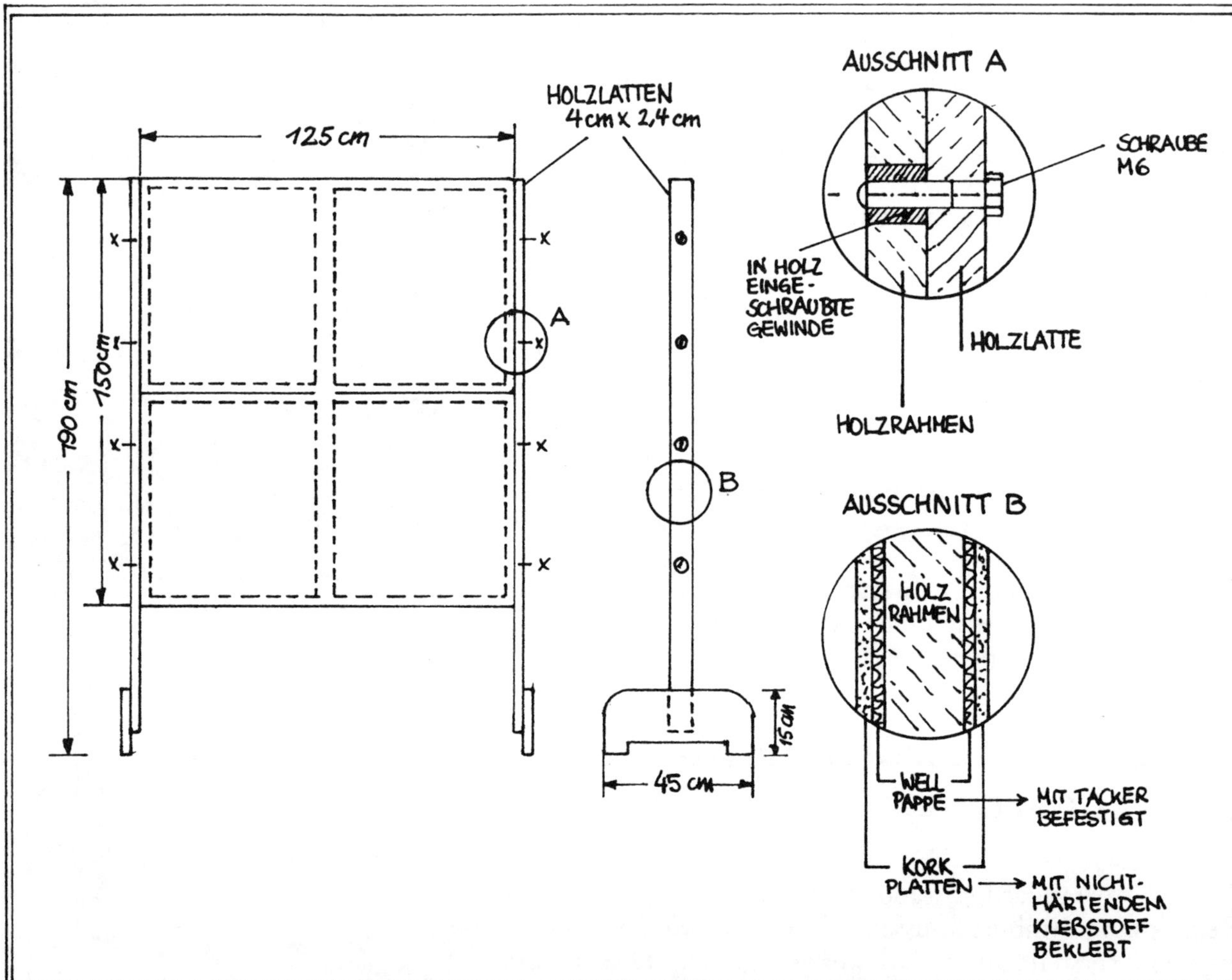

Abb. 20: Ein Bauplan für eine einfach zerlegbare Pinwand

wandunterkante befestigt wird. Das ist eine Ablage für Stifte, Klebstoff und Nadelkissen.

Pinwände werden zum Arbeiten mit Papier bespannt. Günstig ist eine Art Packpapier, das es fertig zugeschnitten zu kaufen gibt. Wer die Bögen selber herstellen will, spart am verkehrten Platz, denn Packpapier auf Rollen, das zudem auch noch stärker ist, wird selten billiger angeboten. Auch sollten Packpapierbögen gemieden werden, die vorher gefaltet waren, weil die Faltlinien auf der Pinwand sehr stören.

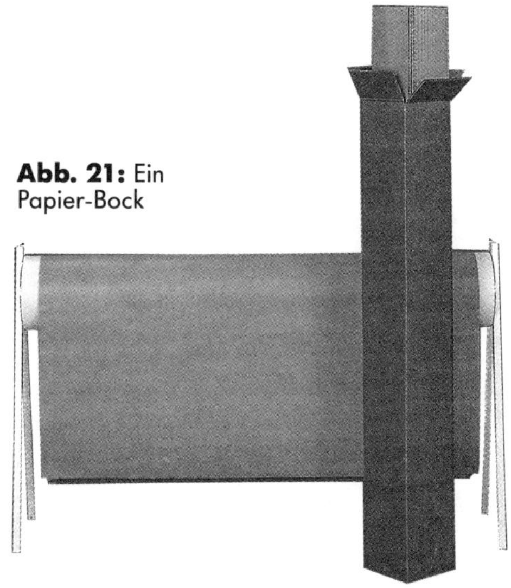

Abb. 21: Ein Papier-Bock

Die beige Farbe bietet nicht nur die Chance für die Benutzung umweltfreundlicher Papiere, weil sie zu 100% Altpapier enthalten können, sie hat auch einen pädagogischen Effekt: Sie ermutigt, ja fordert dazu auf, zu planen, zu entwerfen und zu gestalten. Sie reduziert die Scheu vor dem »Beflecken«wie bei einer blütenweißen Fläche. Pinwandpapier hat Aufforderungscharakter. Die riesigen Papierbögen legt man am besten griffbereit aufgestapelt auf einen sogenannten Papierblock, ein normaler Holzbock, zwei zusam-

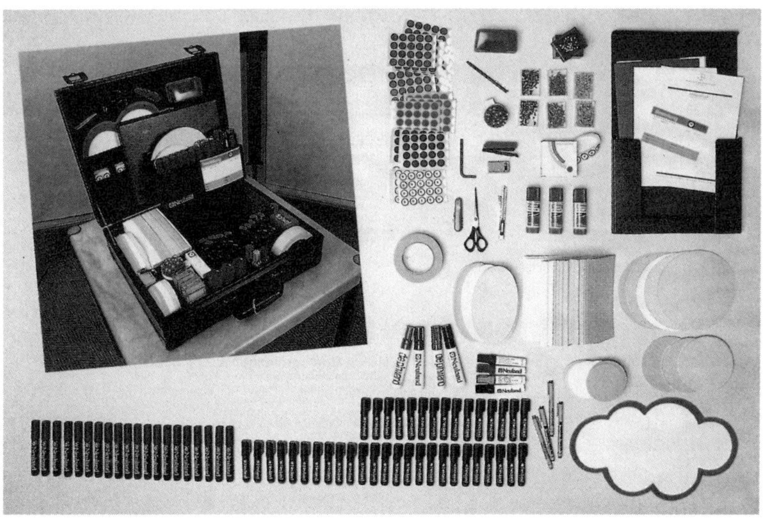

Abb. 22: Moderationsmaterial

mengestellte Stühle oder ein Tisch erfüllen diese Funktion allerdings auch. (Vgl. Abb. 21)

Abb. 24: Nadeln, Nadeln, Nadeln

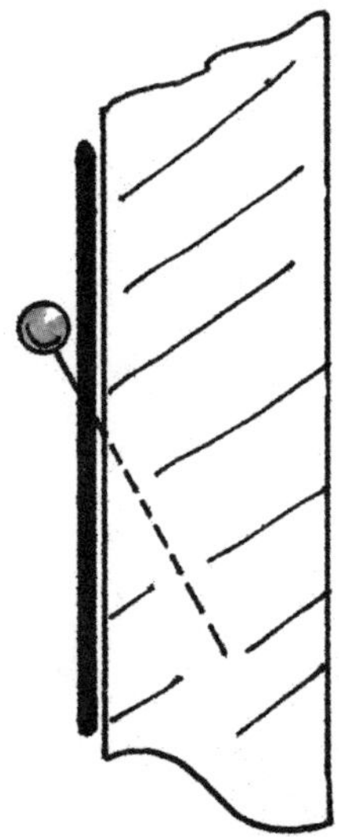

Abb. 23: Wenn die Bespannung mal schwerer ist: Längere Nadeln schräg einstechen!

Zur Grundausstattung für die Arbeit mit der Pinwand gehört ein Moderationskoffer oder eine entsprechende Kiste mit Standardmaterial (Vgl. Abb. 22). Da sind neben verschieden dicken Filzschreibern in mehreren Farben (Vgl. Kapitel 4, Gestaltung) rechteckige und quadratische Karten in diversen Größen, dazu gehören kleine und große Kreise (Kuller), ovale Karten, längere Überschriften- und Titelstreifen, Klebepunkte, Scheren und Klebstoff und nicht zuletzt pins bzw. Nadeln, denen folgendes kleine Nadelbrevier gewidmet sei.

Das kleine Nadelbrevier

Nadeln unterscheiden sich nach Kopfgröße, Form und Länge. Die Allround–Allzwecknadel für die Pinwand ist ca. 15 mm lang und hat einen runden Kunststoffkopf mit einem Durchmesser von 4–6 mm. Schneiderei–Stecknadeln sind zu lang. Die Spitzen dringen durch die nur 2 cm breiten aufgeschäumten Platten handelsüblicher Pinwände, und deren Rückseite ähnelt dann mehr einem Kaktus als einer Arbeitsfläche. Sehr kurze Nadeln (8–10 mm) haben sich auch nicht bewährt, sie fallen leicht ab, wenn Pinwände bewegt werden.
Nadeln mit einem länglichen Griff statt dem Kugelkopf haben den entscheidenden Vorteil, daß sie sich auch in großen Händen nicht ganz verlieren. Wir verwenden sie gerne für Kartenabfragen und kleinere Applikationen.
Für das Befestigen von schwereren Plakaten, Packpapieren oder Gegenständen eignen sich Rundkopfna-

deln, die etwas länger sind. Sie lassen sich schräg einstechen und halten deshalb besser. (Abb. 24)
Packpapier mit sehr vielen Karten und entsprechend hohem Gewicht verstärken wir an der Einstichstelle mit Tesa oder Klebepunkten.
Es gibt noch eine Reihe weiterer Nadeltypen zum Kennzeichnen: lange Markierungsnadeln mit dicken Köpfen, Nadeln mit Fähnchen oder kleinen Schildern, Kunststoffkreise in Leuchtfarben mit einem Durchmesser von ca. 4 cm mit eingegossenen Reißzwecken zur Befestigung an der Pinwand. (Vgl. Abb. 24)

Die Sache mit dem »Zack«

Pinwand-Amateure drücken die Nadeln durch die Karten und die Bespannung in die Pinwand, wobei sich die Oberfläche der Karten als erstaunlich hart erweist und oft die Pinwand fast umfällt, bevor die Nadel hält. Das ist bei 30 Karten zu mühsam und zu zeitraubend. Der »Profi« arbeitet mit dem »Zack«: Er hält mit einer Hand die Karte fest und »rammt« mit der anderen die Nadel mit Schwung durch Karte und Bespannung in die Pinwand. Das gibt ein hörbares »Zack«.

Nadelzubehör

Praktisch sind Nadelkissen aus dem Schneiderfachhandel. Es gibt sie mit Klammern zum Befestigen an der Kleidung, aber auch mit Armreif, mit dem sich das Kissen auf die Oberkante der Pinwand stecken läßt.
Ein kleiner Magnet im Moderationskoffer erleichtert das Aufsammeln von zu Boden gefallenen Nadeln.
Beim Abnadeln mehrerer Pinwände leistet eine gut verschließbare Nadelschachtel Dienste, weil das Einstekken sehr vieler Nadeln in das Nadelkissen sehr zeitraubend ist.

Abb. 25:
Schneiderkissen für die Nadeln mit Klammer

Gestaltungsmöglichkeiten auf Pinwand, Flipchart und Tafel

Abb. 26: Schön, aber schwer leserlich. Eine liebevolle Gestaltung aus dem 17. Jahrhundert.

Daß man auf Tafeln, Flipchartbögen und Pinwandkarten schreiben kann, ist ohnehin klar. Aber schon bei der Frage, wie die Schriften aussehen können oder sollen, eröffnen sich viele verschiedene Gestaltungsmöglichkeiten. Dabei ist die Schrift nur ein kleiner Ausschnitt möglicher Fragestellungen. Dieses Kapitel geht auf Farben und Flächeneinteilung ein, auf Zeichnungen, Symbole, Grafiken und Montagetechniken. Zum Abschluß werden am Beispiel der für viele Zielsetzungen und Themen einsetzbaren Mind-Map-Technik Integrationsmöglichkeiten der Gestaltungsbereiche vorgestellt.

Qualitätsmerkmale und ihr Sinn

Tafelbilder, vorbereitete Pinwände und Flipcharts sind wie Visitenkarten. Die Bedeutung des ersten Eindrucks gilt in vielen Situationen der Erwachsenenbildung auch für die ersten geschriebenen Wörter und vorbereiteten Plakate. Können Teilnehmer die Inhalte und die Bedeutungen auf einen Blick erfassen, oder gibt es beim »Lernen mit den Augen« Hürden? Gibt sich der Leiter der Gruppe Mühe mit seiner Schrift?

So verschieden solche subjektiven Ersteindrücke im einzelnen ausfallen, so weisen sie doch auf Qualitätsansprüche der Betrachter hin, die sich zumindest in folgenden vier Punkten recht oft gleichen: »Liebevolle« Gestaltung, Übersichtlichkeit und Ordnung, Verständlichkeit und optische Erkennungszeichen.

»Liebevolle« Gestaltung

Oft kann man sich beim ersten Anschauen einer Tafel oder eines Plakats des Eindrucks nicht erwehren: Dem Gestalter liegt das Thema nicht am Herzen. Indizien dafür sind verknitterte oder verschmutzte Packpapiere, eine unsaubere Tafel, Striche, die gerade sein sollen, aber Wellenlinien sind, der Verzicht auf jede Farbigkeit, abgerissene statt geschnittene Kartenstreifen, kleine Schriften usw. »Liebevoll - gestalten« bedeutet nicht notwendigerweise »Perfektion«. Oft ist aus Details, aus einer kleinen Zeichnung, aus der Verwendung von Farben usw. ein persönlicher Bezug zum Inhalt zu erkennen. Perfektion dagegen wirkt oft kalt.

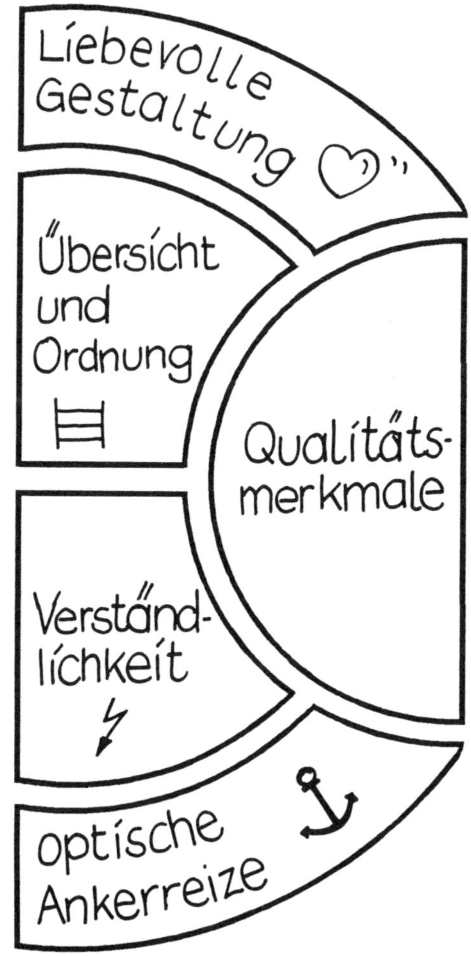

Abb. 27: Vier wichtige Qualitätsmerkmale von Gestaltung in der Aus- und Weiterbildung

Übersichtlichkeit und Ordnung

Die Informationsaufnahme über Ohr und Auge unterscheidet sich in der Zwangsläufigkeit der Wahrnehmung. Mit den Ohren hören wir, was gesprochen wird und zwar in der vom Sprecher gewählten Reihenfolge. Das Auge verschafft sich dagegen zunächst einen Überblick, sucht sich markante Punkte, um dann erst Einzelheiten zu erfassen. Eng mit Übersichtlichkeit hängt die erkennbare Ordnung zusammen, an der sich die Wahrnehmung orientieren kann. Oben und unten, innen und außen, übergeordnete Aspekte und Details, voneinander zu unterscheidende Bereiche, Strukturen, das muß ins Auge fallen.

Viel gleichmäßiger Text, ohne hervorgehobene Kernaussagen, Pfeilbilder und Diagramme, ohne sofort erkennbare Zentren und Ziele, laufen Gefahr, nicht genau angesehen zu werden. Inhalte können noch so brilliant entwickelt sein, wenn sie wegen Unübersichtlichkeit nicht wahrgenommen werden, war die Arbeit umsonst.

Verständlichkeit

Ein wichtiges Qualitätsmerkmal der Gestaltung ist die Verständlichkeit. Die häufige Frage: »Ist das zu verstehen?« ist bei vorbereiteten Plakaten eine Zumutung. Welcher Betrachter tut sich mit dem Eingeständnis leicht, intellektuell dem Gebotenen nicht gewachsen zu sein? Es ist vielmehr Aufgabe des Gestalters, die Visualisierung den Voraussetzungen der Teilnehmergruppe anzupassen.

Verständlichkeit auf Wörter und Texte bezogen, heißt zum einen Lesbarkeit und zum anderen Verwendung von Begriffen, die nicht verwirren. Das gilt auch für Zeichen und Symbole. Wir verwenden sie sehr bereitwillig, weil sie oft dasselbe sagen wie viele Worte. Beim Widerspruchszeichen in Form eines Blitzes zeigt sich das Verständlichkeitsproblem häufig. Jeder, der irgendwann eine moderierte Besprechung miterlebt hat, kennt das Zeichen, aber in fast jeder Moderationsrunde sitzen Leute, die die Bedeutung des Blitzes nicht kennen. Hier ist eine Erklärung nötig (siehe rechts).

Dieser Widerspruchspfeil bedeutet:
jemand ist mit der Aussage nicht einverstanden. (Das kann mündlich erfolgen oder besser als Legendenplakat schriftlich).

Verständlichkeit heißt nicht, daß sich jede Pinwand in einer Veranstaltungsdokumentation und jedes Tafelbild auf den ersten Blick auch denen erschließt, die beim Erstellen und Bearbeiten nicht dabei waren. Visualisierung steht ja selten allein, sondern ist mit Lern- und Arbeitsprozessen verbunden.

Optische Ankerreize

Visualisierte Inhalte werden im Gedächtnis nicht über die inhaltliche Bedeutung allein gespeichert, sondern auch über den optischen Eindruck. Das Auge sucht nach einem besonderen Reiz, nach dem Merkmal, das zum Etikett des ganzen Plakats wird. Besonders, wenn verschiedene Visualisierungen mit ähnlichen Inhalten betrachtet werden, sind diese optischen Erkennungszeichen »die Ankerreize für das Erinnern«, von denen Weidenmann im Heft 1 dieses Seminarpaketes schreibt.

Wenn wir an die Plakate denken, die zum Thema Verkehrsberuhigung von Gruppen erstellt und präsentiert wurden, dann fällt uns das Bild mit dem Abenteuerspielplatz ein, ein anderes mit einem Auto ohne Räder, das Bild mit dem Verkehrszeichen, und gleichzeitig sind uns die

Unterschiede bei den Aussagen vor Augen. Bei einem Plakat nur mit Text haben wir dagegen Mühe.

Gute Visualisierungen berücksichtigen derartige Mechanismen und planen ein optisches Etikett mit ein. Besonders wichtig wird das, wenn man oft dieselben Strukturierungen (auch Diagramme, Mind-Maps etc.) verwendet.

Die Bedeutung von guten Plakaten und Tafelbildern wird besonders dann offenkundig, wenn man die Folgen schlechter Visualisierungen betrachtet.

Oberflächliche, schwer lesbare, lieblos gestaltete Pinwände und Tafeln vermindern oder verhindern eine positive Identifikation mit den darauf festgehaltenen Lern- oder Arbeitsergebnissen. Das Gefühl »Das haben wir geschaffen!« will sich nicht einstellen, wenn die Gestaltung nicht ansprechend ist. Ganz anders ist das bei Plakaten, die nicht nur inhaltlich gut, sondern auch fürs Auge erstellt sind.

Hoch ist die Vorbildwirkung von Tafelbildern und Plakaten. Das gilt besonders in Veranstaltungen, die neue Arbeits- und Visualisierungstechniken trainieren. Falsche Sparsamkeit in der Wahl der Papierformate durch den Trainer - etwa Flipchartblätter, wo schon Pinwandformat angebracht wäre - verführt Teilnehmer dazu, ebenfalls zu kleine Formate zu verwenden. Noch deutlicher wird die Vorbildwirkung bei der Schrift, worauf der nächste Abschnitt genauer eingeht.

Schreiben auf Pinwand, Flipchart und Tafel

Eine Handschrift ist etwas Individuelles, Eigenes. Sie verrät viel über die Persönlichkeit des Schreibers. Vergleichbar ist die Schrift mit der Art, sich zu kleiden, oder dem Auftreten vor einer Gruppe. Aber kaum jemand würde auf die Idee kommen, die Kleidung nicht dem Anlaß oder dem Wetter anzupassen, oder das Sprechen vor anderen nicht zu trainieren. Nur bei der Handschrift beharren manche Menschen mit dem Hinweis auf ihre persönliche Note auf oft kaum entzifferbaren Hyroglyphen. Das macht die Arbeit mit Pinwand, Flipchart und Tafel schier unmöglich.

Dabei läßt sich das Schreiben auf diesen Medien ganz einfach üben, und durch Verwendung von Druckbuchstaben geht der Persönlichkeit nichts verloren. Wer Pinwände sieht, die von mehreren Präsentations- und Moderationsprofis beschrieben sind, erkennt, wie individuell auch eine trainierte und einwandfrei lesbare Druckschrift sein kann.

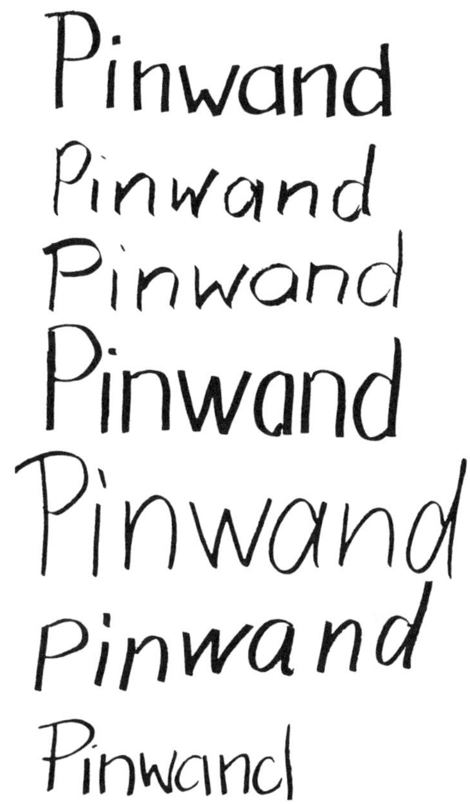

Abb. 28: Verschiedene Teilnehmer eines Trainings üben Schriften

Was und wieviel wird geschrieben?

Die Forderung nach Kürze und Beschränkung zieht sich als roter Faden durch dieses Heft. Und dieser Faden gehört zu denjenigen, mit denen gute Visualisierungen gewoben werden.

Für das Schreiben auf Tafel, Pinwand und Flipchart gelten deshalb folgende Regeln:

- **Information verdichten!**
- **Alle unwichtigen Dinge weglassen!**
- **Texte »abspecken«, soweit es geht!**
- **Sätze möglichst auf wenige Begriffe reduzieren!**

Dabei läuft man Gefahr, die Reduktion soweit zu treiben, daß der Informationsgehalt verloren geht oder die Aussagekraft sinkt.

Ein Beispiel: Bei einer Tagung von Elternvertretern wurde über juristische Eingriffe und Eingriffsmöglichkeiten durch die Eltern in die Schule diskutiert, über Zeugnisbemerkungen und Noten, die vom Verwaltungsgericht revidiert wurden, über den Verzicht auf alle Aktivitäten in der Schule, die nicht eindeutig rechtlich abgesichert sind, über antiquierte Verordnungen und unsinnige Vorschriften. Die ganze Diskussion wurde auf dem Flipchart mit dem Ausdruck »Verrechtlichung der Schule« zusammengefaßt. Das ist selbst dann zu wenig, wenn die Visualisierung nur als Erinnerungsstütze gedacht ist. Den schmalen Pfad zwischen einer Überfrachtung mit Text einerseits und Kürzung und Zusammenfassung bis zum Verlust an Information andererseits zu finden, das ist eine der Schwierigkeiten im Umgang mit Tafel, Flipchart und Pinwand. Ein Ausweg bietet sich an: Viele Begriffe und Sachverhalte lassen sich nicht nur durch Text, sondern auch durch Symbole, Bilder, Zeichnungen darstellen.

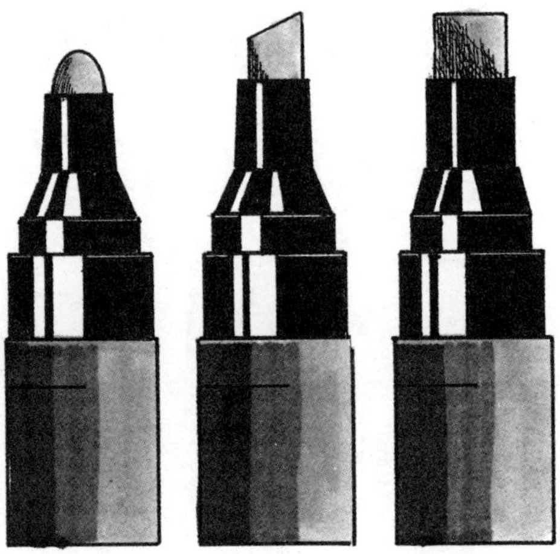

Abb. 29:
Verschiedene Formen der Filzspitzen

Schreibgeräte und ihre Verwendung

Kreiden, auch Whiteboardmarker, wurden als spezielle Schreibgeräte für Tafeln bereits behandelt (vgl. Kap. 1). Im folgenden werden verschiedene Arten von Filzstiften und Wachsmalkreiden für das Schreiben auf Papier vorgestellt.

Filzstifte lassen sich nach verschiedenen Kriterien unterscheiden. Nach

- Umweltfreundlichkeit: Sind die Stifte lösungsmittelhaltig oder auf Wasserbasis? Aus welchem Material besteht die Hülle?
- Form der Spitze: Ist sie rund, abgeschrägt oder quaderförmig? (Vergl. Abb. 29)
- Strichbreite (Vergl. Abb. 30)
- Preis und Wirtschaftlichkeit: Sind die Stifte nachfüllbar? Wie lange reicht die Füllung aus?

Abb. 30: Verschiedene Strichbreiten in Originalgröße

Oft spielen auch weitere Kriterien eine Rolle. Wie liegt ein Stift in der Hand? Läßt er sich sicher verschließen, oder geht die Kappe leicht ab? Wie riecht bzw. stinkt er (inzwischen riechen manche blauen Stifte nach Heidelbeeren, braune nach Schokolade, schwarze nach Lakritze usw.)?

Wir ziehen Stifte mit abgeschrägter Filzspitze anderen vor. Sie haben zwei Kanten zum Schreiben. Mit der längeren Kante wird die Schrift breiter, mit der kürzeren schmaler. (vergl. Abb. 31)

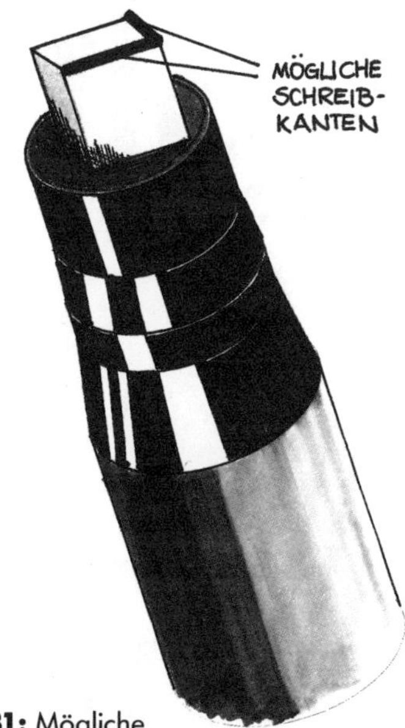

Abb. 31: Mögliche Schreibkanten. Regel: Eine Schreibkante wählen und den Stift nicht mehr drehen!

Der heiße Tip für gute Schriften:

Man sollte bei einer Kante bleiben und den Stift auf keinen Fall drehen. Darin liegt eigentlich der einzige Clou. Die Vorstellung, alle Strichstärken gleich zu machen, führt zu einem dauernden Drehen und Neuansetzen. Diese Verrenkungen mit den Fingern zeigen sich auch in der Schrift. Ein dekorativer Effekt läßt sich durch die Verwendung der schrägen Längskante erzeugen: Die senkrechten Striche beginnen und enden nicht gerade, sondern mit einer leichten Schräge. (Vgl. Abb. 33)

Abb. 32: Die richtige Haltung des Schreibgeräts ist kein neues Problem.

Die breite Palette an Filzern hat andere Schreibgeräte weitgehend verdrängt: Signierkreiden enthalten keine Kreide, sondern sind im Prinzip dicke Farbstiftminen, die mit Ölen und Fetten angereichert sind, um besser schreiben zu können. Es gibt für diese Stifte von verschiedenen Herstellern Kreidehalter. Mit einem Druckknopf wird die Signierkreide wie bei einem Minenstift nachgeschoben.

Abb. 33: Ein dekorativer Effekt: schräge Anfänge bei senkrechten Strichen

Für Kinder werden Wachsmalstifte oder Wachsmalkreiden in allen Variationen angeboten: Von dünneren Stiften (5 mm) mit Kunststoff-oder Papierummantelung, über die Standardstifte (10 mm) zu besonders dicken »Stumpenkreiden« (14 mm) und Farbblöcken (Wachsmalblockkreiden) (ca. 4 cm x 2,5 cm x 1,2 cm).

Abb. 34: Wachsmalkreiden, umweltfreundliche Alternative zu Filzern

Alle diese Schreibgeräte sind preisgünstig, sparsam im Verbrauch und umweltverträglich, Wachsmaler für Kinder sogar absolut ungiftig. Das Manko: Texte mit Signierkreiden und Wachsmalstiften sind vor allem auf Pinwandpapier von weitem nicht immer gut zu lesen. Auch die Schreibgeschwindigkeit ist geringer, weil man kräftig andrücken muß, um einen einigermaßen satten Farbauftrag zu erhalten. Sehr gut eignen sich die Wachsmalkreiden zum farbigen Hervorheben.

Die Schriftgröße

Wie in Autos neueren Typs ein Signalton darauf aufmerksam macht, wenn der Fahrer nicht angeschnallt ist, so müßten Tafeln und Pinwände Alarm schlagen bei Schriftgrößen unter 3 cm (vgl. Abb. 35). Diese Buchstaben sind aus 6-8 Metern noch halbwegs zu lesen. Bei Gruppengrößen über 20 Personen wird die Entfernung größer, die Schrift muß dann mitwachsen. Daß Schriften mit der Zeit kleiner werden, ist eine alte Erfahrung, und auch routinierte Moderatoren sollten ab und zu Maß nehmen.

Abb. 35: Minimale Schriftgröße im Original

Schriftgestaltung

Neben der Größe orientiert sich auch die Gestaltung einer Schrift auf Pinwand, Flipchart und Tafel am Maßstab der einfachen Lesbarkeit. Ästhetische Gesichtspunkte bleiben hier untergeordnet. Folgende Regeln bei der Schriftgestaltung haben sich bewährt:

Schreibschrift ist schwer zu lesen

• **Druckschrift verwenden!**

Die individuelle Schreibschrift ist oft schwer zu entziffern, die Verwendung der Ausgangsschrift ist sehr eng mit Schulerfahrungen verknüpft. Assoziationen mit dem Schreiblernprozeß von ABC-Schützen sind nicht unbedingt gut beim Lernen mit Erwachsenen.

Nicht nur GROSSBUCHSTABEN

• **Mit Groß- und Kleinbuchstaben schreiben!**

Groß- und Kleinbuchstaben strukturieren das Schriftbild. Die Wortbilder werden durch variierende Ober- und Unterlängen unterschiedlicher und für das Auge leichter unterscheidbar.

Im angelsächsischen und skandinavischen Sprachraum werden dagegen ausschließlich Großbuchstaben empfohlen (vgl. Kirckhoff, 1988, Brandt, 1986). Wie geschrieben wird, hat oft mit Gewohnheiten zu tun. Dabei spielen auch sprachliche Besonderheiten eine große Rolle: Das Englische enthält weit weniger Großbuchstaben.

weder optisch Brüllen, noch „nuscheln"

• **Weder optisch »nuscheln«, noch brüllen!**

Kleine Schrift mit dünnen Linien verbinden sich von selbst, aber auch zu große Buchstaben über 5 cm sollten vermieden werden. Sie sind zu »laut«. Nur wenn ein Begriff ganz zentral ist, kann er auch größer geschrieben werden.

• Gerade schreiben!

Viele Menschen haben Probleme, ohne Hilfslinien gerade zu schreiben. Sie sollten karierte Flipchartbögen benützen oder sich z.B. mit Bleistift leichte Hilfslinien ziehen. Wer es im Querformat verwendet, kann sich an der Strukturierung des Pinwandpapiers orientieren. Hilfreich, aber etwas mühsam ist die Technik, das Pinwandpapier vor dem Bespannen etwa alle 10 cm zu falten. Auch so entstehen Hilfslinien.

Möglichst gerade schreiben

Die Schreibposition ist wichtig für gerades Schreiben. Wer zu sehr seitlich steht, schreibt leicht in abschüssiger Linie statt gerade.

• Eng zusammenschreiben und Blöcke bilden!

Eng zusammengeschriebene Buchstaben lassen sich leichter lesen als breit auseinandergezogene Schrift. Wichtig sind deutliche Lücken zwischen den einzelnen Wörtern und zwischen den Sätzen.

Nicht breit auseinander sondern eng und in Blöcken

• Ober- und Unterlängen verkürzen!

Besonders einprägsam ist eine Schrift, bei der das Schwergewicht in den Mittellängen liegt. Die Ober- und Unterlängen werden dafür etwas verkürzt. Die Mittellänge der Schrift sollte zwischen 50 und 60% der gesamten Größe betragen. Der Rest entfällt zu gleichen Anteilen auf Ober-und Unterlänge.

Ober- und Unterlängen verkürzen

Abb. 36: Eine bewährte Aufteilung der Ober-, Mittel- und Unterlängen

Abb. 37: Für besondere Fälle besondere Schriften (nach Ruddies/Willi S. 79)

Eine Möglichkeit, Inhalte zu betonen, sind Sonderschriften. Viele Menschen sind wahre Künstler in Schmuckschriften. Manche Schriftarten hängen auch mit den Wortinhalten zusammen (z.B. Hilfe).

Wie bei fast allen besonderen Gestaltungselementen, gilt auch für Sonderschriften das Gebot der Sparsamkeit. Am besten geht man damit um wie mit einem exotischen Gewürz: Manchen Speisen gibt es einen besonderen Reiz, überall verwendet, verliert es an Wirkung oder erzeugt sogar eine Abneigung.

Hervorheben von Schrift durch Linien

Abb. 38 gibt einen Überblick, wie Wörter und Begriffe durch Linien hervorgehoben werden können. Gerade Striche sind für viele Menschen ein großes Problem, noch dazu auf großen Flächen und mit lockerer Hand. Wer in dieser Situation kein Lineal oder keine große Reißschiene verwenden will, dem bleibt nur, aus der Not eine Tugend zu machen, und auf längere Geraden zu verzichten. So ist auch die Beliebtheit der Wolken, die nach dem Schreiben um ein Wort oder einen Text gezeichnet werden, zu verstehen. Hervorhebungen durch einen Kasten mit geraden, noch dazu parallelen Linien durch Kreise oder große Ovale sind komplizierter, eine Wolke kann fast nicht mißlingen. Zu häufiger Gebrauch birgt allerdings ein Risiko: Inzwischen gibt es Teilnehmer, die auf Wolken absolut allergisch reagieren.

Wie erreiche ich gut lesbare Schriften?

Wenn Pinwand- und Tafelneulinge erstmals z.B. in moderierten Gruppen schreiben, taucht oft die Frage auf: wie erreiche ich eine akzeptable Schrift? Bei unseren Moderationen und Trainings hat sich folgendes Vorgehen bewährt:

Nach dem Vorzeigen von Negativbeispielen (zu kleine, dünne Schrift, große, aber unleserliche Wörter) hängen wir eine Musterkarte (Text: Pro Karte ein Gedanke) an die Pinwand.

Überschriften versuchen wir vorbildlich zu schreiben, wobei das Vorbild auch erreichbar sein muß (also keine perfekte oder gar verzierte Schrift). Der Hinweis auf besonders gut lesbare Karten der Teilnehmer hat meist auch positive Wirkung. Wichtig ist, alle dünnen Stifte weit weg zu legen, die meisten Teilnehmer greifen, wenn man ihnen die Wahl läßt, eher zu diesen, anstatt zu dicken Filzschreibern.

Pinwand-, Flipchart- und Tafelschriften lassen sich nicht auf Kleinformaten und auch nicht auf einem liegenden Blatt üben. Entscheidend sind die Größe und das Senkrechtstehen der Fläche. Meist ist es nicht nötig, tagelang Schriften zu trainieren. Wer die Gestaltungsregeln beachtet, auf Papier eine breite Filzstiftkante benützt und den Stift nicht mehr dreht, entwickelt bald eine gut lesbare Schrift. Übungen im Druckschriftschreiben sollten in jedem Fall

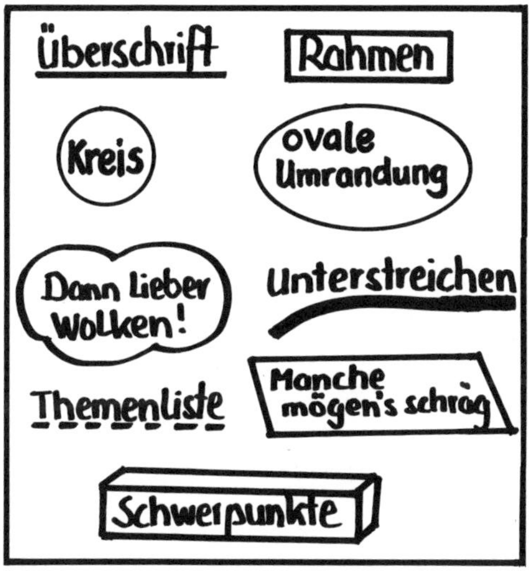

Abb. 38:
Hervorheben mit Linien

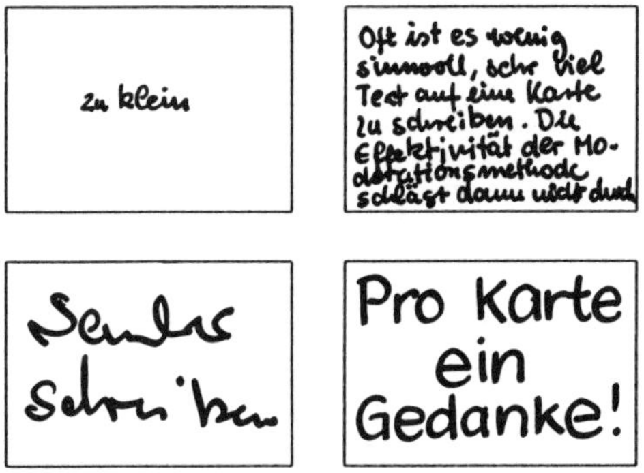

Abb. 39:
Negativbeispiele und Musterkarte

auch die Schreibgeschwindigkeit erhöhen. Dann besteht kein so riesiger Unterschied zwischen vorbereiteten, wunderschönen Schriften und kaum lesbaren Notizen, die während der Veranstaltung erstellt wurden.

Farbe als Gestaltungsmittel

Das einfachste und zugleich wirkungsvollste Gestaltungsmittel auf Tafel- und Papierflächen ist die Farbe.

Farbige Stifte, Kreiden und Kartone

Kreiden werden in fast allen Farbschattierungen angeboten. Wer sich auf die Farbkreiden verläßt, die unter der Tafel im Kreidekasten liegen, vermißt oft die besonders leuchtenden Farben gelb, grün, orange und rot. Blaue, braune, dunkelgrüne Töne erreichen aber bei weitem nicht dieselbe Wirkung.

Auch Farbkreide wirkt kräftiger und satter, wenn die Kreide angefeuchtet wird. Allerdings ist rote Kreide, naß aufgetragen, sehr schwer zu löschen. Nicht mit der Spitze der Kreide, sondern mit der ganzen Längsseite lassen sich Flächen farbig gestalten. Wenn man verschiedene Farbschichten an der Tafel übereinander legt, entstehen Abstufungen und Übergänge. Besser sichtbar als Flächen sind allerdings Schraffuren.

Für Packpapierbespannungen von Pinwänden und Flipchartbögen gibt es Filzstifte in bis zu 30 verschiedenen Farbtönen. Meist finden sich aber nur grüne, rote, schwarze und blaue Filzer im Moderationskoffer. Ganze Flächen lassen sich damit nur schwer färben. Filzstiftlinien nebeneinander ergeben keine einheitliche Fläche. Die Farbigkeit mit Filzstiften bleibt so meist auf farbige Linien, Schriften und Schraffuren beschränkt.

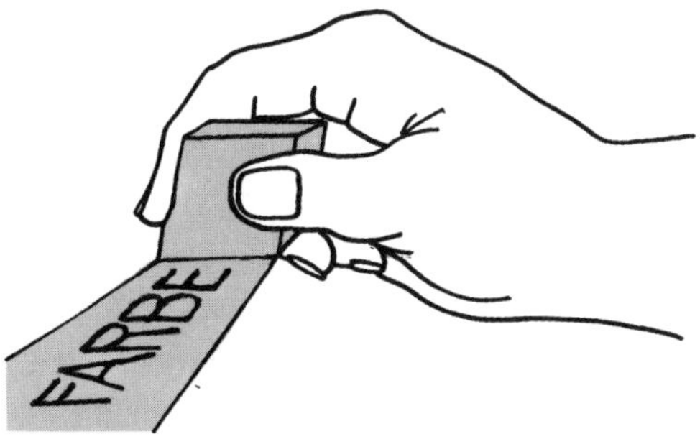

Abb. 40:
Mit Wachsmalkreideblocks farbig hervorheben

Wer selten mehr als die vier Grundfarben verwendet, aber doch auf Violett, Braun, Orange usw. nicht gänzlich verzichten will, kann mit einem Sortiment an dicken Filzstiften, wie sie für Kinder angeboten werden, (»Breitmalersets«) vorlieb nehmen, die auch eine annehmbare Strichstärke erreichen.

Für Farbflächen auf Papier sind die Wachsmalkreideblocks sehr gut geeignet. Mit der langen Kante (»Breitseite«) lassen sich Flächen recht gut einfärben, allerdings ist es nötig, fest anzudrücken. Der Kontrast zum Papier wird erhöht, wenn die breitseitig aufgetragene Fläche noch mit der Spitze desselben Kreideblocks kräftig eingerahmt wird. Entscheidend für den Effekt der Farbe ist der Hintergrund.

Dekorative Farbeffekte lassen sich durch bunte Karten und Kartone erzielen, die beschriftet oder als Flächen auf Pinwand und Flipchart befestigt werden. Dafür eignet sich auch Material aus dem Moderationskoffer, Tonzeichenpapier, Plakatkartons, Leuchtkartons, aber auch Abfallpapier aus Druckereien. Für kleinere Flächen genügen farbige Papiere, die es im DIN A4-Format in allen Tönungen gibt.

Drei Farbregeln

■ Farben sparsam verwenden!
Ein Flipchartblatt ist keine grellbunte Zirkusreklame, aber auch kein Notizzettel in Großformat. Aus beidem, der bunten Überfülle und der Einfarbigkeit, sticht nichts heraus. Es gilt mit Farben sparsam umzugehen, und die Farbtupfer nicht immer und überall einzusetzen, sondern nur dann, wenn es wirklich beabsichtigt und sinnvoll ist.

■ Auf Farbkontraste achten!
Farbige Plakate leben von Kontrasten. Sie verlieren allerdings mit zunehmender Entfernung vom Flipchartständer und der Tafel an Schärfe. Gerade wenn der Untergrund nicht weiß ist wie beim Flipchartbogen, sondern dunkler wie beim Pinwandpapier und besonders bei der Tafel, gibt es Schwierigkeiten. Blaue Kreide auf der Tafel hebt sich immer schlecht ab. Auch blaue oder braune Kartons schlucken sehr viel Licht, Schriften auf ihnen sind schlecht zu erkennen.Auf weißem Papier lassen sich mit gelben Farben, aber auch mit blassem Orange kaum Kontraste erzeugen. Es ist sinnvoll, bei der Gestaltung die Fläche auch einmal von der letzten Ecke des Raumes zu betrachten, ob nicht durch Farben Informationen verloren gehen.

■ Farben Bedeutung geben!
Farben sollten immer Bedeutung haben, um Verwirrung zu vermeiden. Die wichtigste Bedeutung von Farbe ist die der Betonung. Farbe hebt hervor und unterstreicht. Ordnungsfunktion übernimmt die Farbe, wenn zusammengehörige Begriffe mit gleichen Farbtönen unterlegt, unterstrichen oder eingerahmt werden. Diese Ordnung muß nicht unbedingt nach inhaltlichen, sie kann auch nach anderen Kriterien erfolgen. Wer auf einer Pinwand Äußerungen zu einem längeren Lehrgang sammeln will, legt am ersten Tag nur grüne, am zweiten blaue, am dritten vielleicht rote Stifte zu der Pinwand. Die Äußerungen und Kommentare lassen sich so recht einfach zeitlich zuordnen.
Werden Pro- und Contra-Argumente zu einem Thema gesammelt, dann kommen alls »Pros« auf grüne, alle »Contras« auf rote Karten.
Farben können auch zum Identifizieren verwendet werden, in dem z.B. bei einer Kartenabfrage Mitarbeiter aus dem Vertrieb auf rote, aus der Produktion auf blaues Papier schreiben.

Raumaufteilung und Layout

Auch wenn Tafeln und Plakate nicht perfekt sein müssen, so sollten sie sich doch in etwa an übliche Lese- und Sehgewohnheiten anpassen und nicht etwa mit dem Text rechts unten beginnen.

Titel und Unterpunkte

Flipchartbögen, Pinwandplakate und Tafelbilder haben meist Überschriften oder Themenangaben. Ihr üblicher Platz ist oben, in der Mitte oder links bündig mit dem Text. Bei manchen Gestaltungen befindet sich der Titel in der Mitte des Blattes deutlich hervorgehoben. Unterpunkte werden dann im Kreis oder in vier Quadranten angeordnet. (Abb. 41)

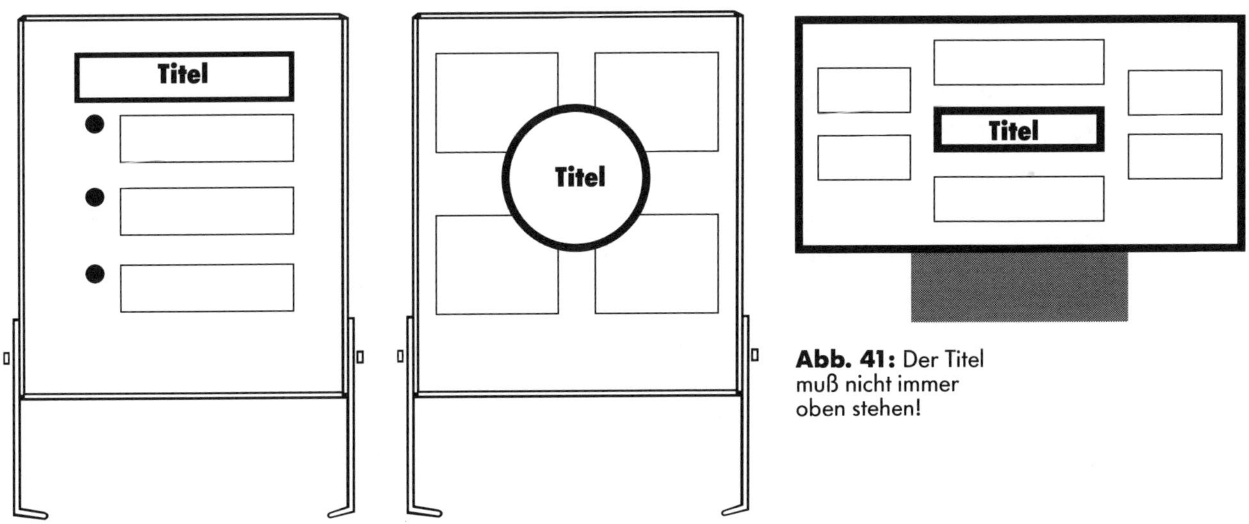

Abb. 41: Der Titel muß nicht immer oben stehen!

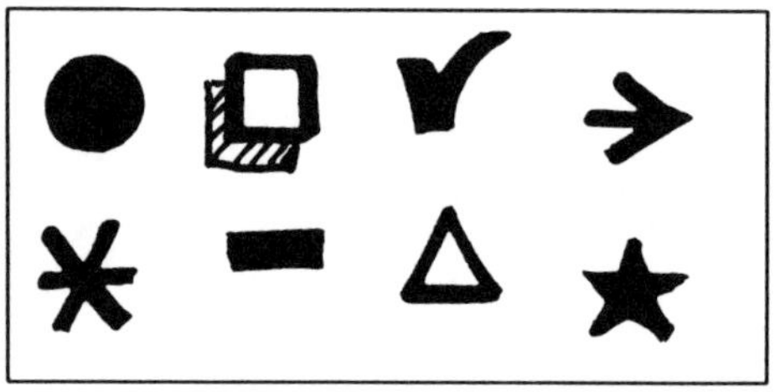

Abb. 42: Der Spiegelstrich und einige der zahlreichen Alternativen

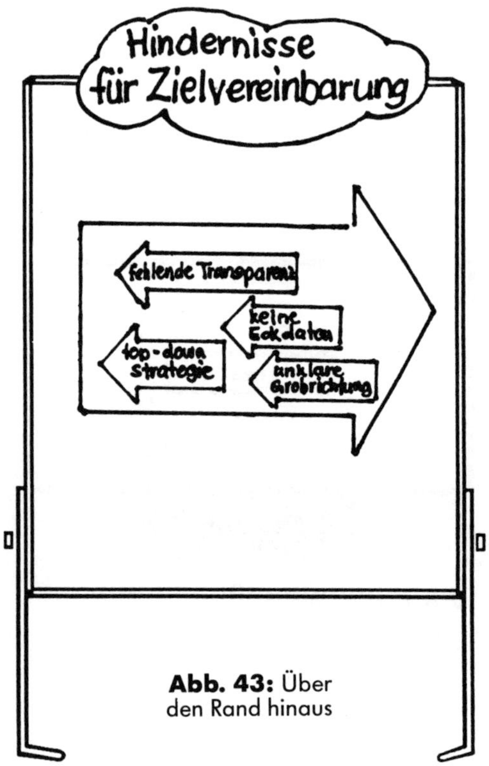

Abb. 43: Über den Rand hinaus

Spiegelstriche und ähnliche Zeichen (vgl. Abb. 42) heben Unterpunkte hervor. Dabei sollte immer nur eine Art verwendet werden, um Mißverständnisse zu vermeiden.

Ränder

Beim Schreiben auf Papierflächen und der Tafel bleibt oben und links ein erkennbarer Rand. Rechts muß der Rand nicht exakt so groß sein wie links. Unten schadet auch ein etwas größerer Rand nicht. So bleibt auch visuell wahrnehmbar noch Platz fürs Weiterdenken. Für die Tafel gilt das allerdings nur eingeschränkt, weil sie sonst noch breiter wirkt als sie ohnehin schon ist. Ein Tabu ist der Rand nicht. Aufgeklebte oder angenadelte Applikationen, die über ihn hinausragen, sehen oft recht plakativ aus (Abb. 43). Auf Pinwänden ist das untere Viertel ein schlechter Platz. Das Schreiben erfordert einen »Kniefall«, die Sicht wird leicht verdeckt. Dort sollten also keine wichtigen Informationen stehen, ein breiter unterer Rand ist durchaus sinnvoll.

Optische Balance und Symmetrie

Es ist nicht immer leicht, ausgewogene Visualisierungen »live« entstehen zu lassen. Kopflastige Blätter sind aber sehr einfach zu vermeiden, indem man die Zeilen bzw. die Unterpunkte einfach weiter auseinanderzieht.

Ausgewogenheit bei Mischungen von Text und Bildern herstellen, das bedeutet auf den großen Flächen vor allem, daß Größe und »Gewicht« von beiden abgestimmt werden: Also kein Bildchen und dazu eine Unterschrift in Riesenlettern, aber auch nicht umgekehrt!

Der Anspruch der Symmetrie sollte zumindest für alle vorbereiteten Visualisierungen gelten, wobei ein ganz asymmetrisches Bild meistens weniger stört, als eine Aufteilung knapp an der Symmetrie vorbei. (Abb. 44)

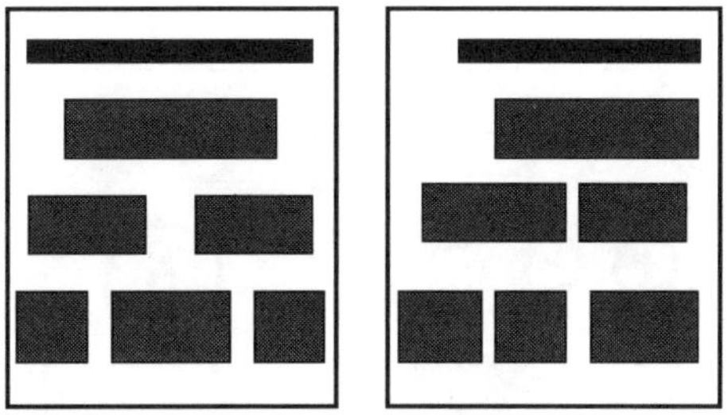

Abb. 44: Symmetrisch und unsymmetrisch - kleiner Unterschied mit großer Wirkung

Zeichen, Symbole, Diagramme

Niemand kommt beim Gestalten von Tafel, Pinwand und Flipchart ohne einen mehr oder weniger großen Satz an Zeichen, Symbolen und Diagrammen aus.

Die Bedeutung bzw. der Informationsgehalt, bisweilen auch die Gestaltung der Zeichen sind durch Regeln festgelegt. Das unterscheidet diesen Bereich vom freien Zeichnen. Dabei gibt es aber auch fließende Grenzen.

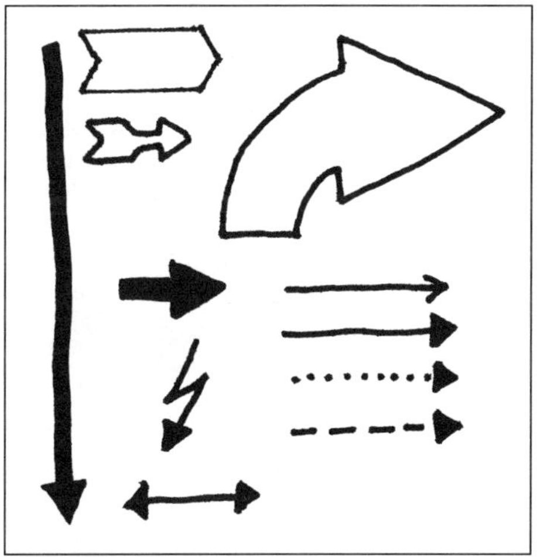

Abb. 45: Pfeile, Pfeile, Pfeile

Der Pfeil ist das gebräuchlichste Zeichen in der Pinwand- und Tafelarbeit. Er kommt in vielen Varianten vor und hat Bedeutungen wie »Daraus folgt« oder »Darauf ist besonders hinzuweisen«. Die genaue Bedeutung ergibt sich meist aus dem Zusammenhang. Abb. 45 zeigt verschiedene Varianten von Pfeilen.

Viele Verkehrszeichen, Symbole und Piktogramme sind den Teilnehmern auch in der übertragenen Bedeutung bekannt. Trotzdem erweist es sich als nützlich, wenn bei der Entwicklung oder Präsentation von Plakaten auf den Inhalt der Symbole hingewiesen wird, z.B. deutet die Waage Gleichgewichte bzw. Ungleichgewichte an. Mit ⊕ bezeichnen wir Argumente dafür, mit ⊖ Argumente dagegen. Das

Abb. 46
Einige Zeichen und Symbole

Dreieck mit rotem Rand weist auf Gefahren hin. (Abb. 46).

Kaum ein visuell gestützter Vortrag im Bereich der Wirtschaft kommt ohne Diagramm aus. Oft wird des Guten zu viel getan, ein Säulendiagramm folgt auf das andere, und die Unterschiede, auf die es ankommt, bleiben nicht im Gedächtnis haften. Wer sich in einem Vortrag nicht auf ein Diagramm beschränken kann, sollte zumindest nicht bei einer Form bleiben. Es steht eine Vielzahl an Darstellungsarten zur Verfügung. (vgl. Abb. 47)

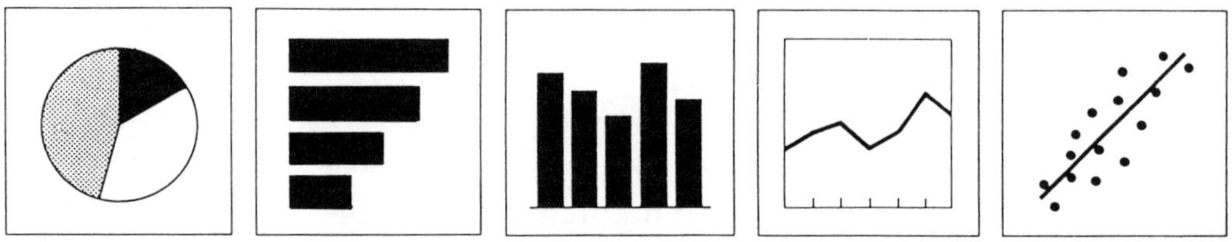

Abb. 47:
Einige der vielen Diagrammformen (aus Zelazny).

Wie umfangreiches Zahlenmaterial in Diagrammen aufgearbeitet werden kann, dazu gibt es Spezialliteratur (vgl. Zelazny, 1986; Schrader und Biehne, 1984; u.a.). Hier sind nur einige Punkte angesprochen:

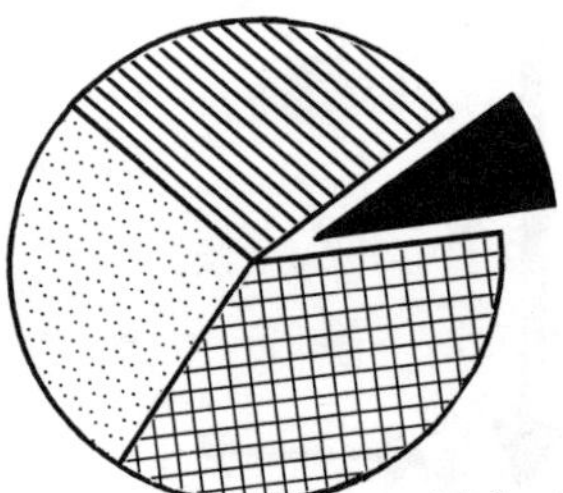

Abb. 48:
Optimal für Pinwand und Flipchart: Der Anteil, auf den es ankommt, wird aus farbigem Papier ausgeschnitten.

- Torten-, Kreis-, Balken- und Säulendiagramme werden oft nicht direkt auf das Pinwandpapier oder den Flipchartbogen gezeichnet, sondern auf farbiges Papier. Zum einen wirkt die farbige Fläche einprägsamer als die Umrißzeichnung, und zudem lassen sich bei einer Präsentation die jeweiligen Teile nacheinander montieren. Bei Kreisdiagrammen wird der Anteil, auf den es ankommt, herausgeschnitten und durch leichtes Verschieben hervorgehoben (Abb. 48).

- Kopierer mit stufenloser Vergrößerungsautomatik machen es möglich, daß Veränderungen nicht nur mit unterschiedlich hohen Säulen, sondern z.B. auch mit unterschiedlich großen Figuren, Bäumen, Äpfeln, usw. visualisiert werden (Abb. 49). Das bietet sich besonders für die Pinwand- und Flipchartgestaltung an.

- Der Hauptinhalt der Visualisierung muß bei Kurvendiagrammen sofort ins Auge fallen. Das setzt einen geeigneten Maßstab voraus. Um eine Steigerung hervorzuheben, sind die Abstände auf der betreffenden Achse zu verringern. Durch geeignete Skalenwahl kann allerdings auch bei gleichen Ausgangsdaten das Auf und Ab einer Kurve betont werden.

Abb. 49: Eine Darstellung des Wirtschaftswachstums: Auch das ist ein Diagramm

Auf Pinwand, Flipchart und Tafel werden Entwicklungstendenzen visualisiert. Für umfangreicheres Zahlenmaterial kommen Unterlagen oder OHP-Folien in Betracht.

Zeichnen auf Pinwand, Flipchart und Tafel

Bei Präsentationen erscheinen häufig Schriften, Symbole oder Grafiken auf der Pinwand, seltener aber Zeichnungen, Karikaturen, Figuren oder Gesichter. Wenn derartiges zum Inhalt paßt, ist über das Überraschungsmoment des Bildes hinaus ein Verstärken und Hervorheben der vermittelten Information sicher. Noch wirksamer als ein vorgefertigtes Blatt ist die Zeichnung, die mit wenigen Strichen vor dem »Publikum« entsteht. Davor scheuen allerdings viele Menschen zurück.

Es gibt eigentlich keinen Grund, freies Zeichnen zu meiden, wie es oft sogar Pinwand- und Flipchartprofis mit ihrer Beschränkung auf vorgefertigte oder teilstandardisierte Diagramme und Symbole praktizieren, nach dem Motto: Lieber den Text in eine Fertigwolke pressen, statt die Wolke selbst zu produzieren.

Dabei ist Zeichnen halb so schwer, wenn zwei Grundvoraussetzungen erfüllt sind:

a) Verzicht auf Perfektion. Das dürfte schon deshalb leichtfallen, weil es bei Bildern in diesem Zusammenhang nicht in erster Linie auf Ästhetik ankommt, sondern auf visuelle Information.

b) Ein Quentchen Mut. Die Hürde, vor einer Gruppe mit Hilfe einer vorbereiteten Visualisierung zu sprechen, ist niedriger als sich vor eine Tafel oder Pinwand zu stellen, das Publikum im Rücken und frei zu zeichnen. Zum Zeichnen auf Tafel und Pinwand gehört auf alle Fälle ein entschlossener, satter Strich, kein zaghaftes Skizzieren.

Was können wir zeichnen?

Auch für die freie Zeichnung gilt der Grundsatz der Selbstbeschränkung. Nur in seltenen Fällen ist es sinnvoll, ein ganzes Plakat mit vielen Einzelheiten zu zeichnen oder zu malen. Eine Überfülle an Details und Informationen läßt den Betrachter das Wesentliche übersehen. Die Überlegung, was nötige Bestandteile sind, um einen Gegenstand oder Begriff zu erkennen, steht also am Anfang. Je weniger Ausgestaltung, um so kleiner ist die Gefahr, sich zu vertun. Wer nur mit Texten auf Tafel und Pinwand arbeitet, wird sich schwer vorstellen können, jemals in die Verlegenheit zu kommen, Gegenstände oder Tiere wie etwa einen Elefanten zu zeichnen.

Ein Beispiel zeigt, wie nützlich das sein kann. In Rhetoriktrainings verbinden wir den Begriff Argument mit dem Bild Elefant. Für ein Gespräch wählen wir überzeugende Argumente (die dicken, starken Elefanten) und ordnen sie richtig an: voran ein etwas stärkerer Elefant und die anderen der Größe nach dahinter (vgl. Abb. 50). Ein abstrakter Sachverhalt über Argumentation läßt sich so ganz einfach und vor allem einprägsam visualisieren und das mit wenigen Strichen.

Abb. 50: Zeichnung im Rhetoriksemingr: So werden verschieden starke Argumente aneinander gereiht.

Bisweilen geht es noch viel einfacher, indem ein Begriff nicht als Wort, sondern als Bild festgehalten wird. Auto, Schiff, Fisch, Buch... (vgl. Abb. 51). Der Phantasie sind hier keine Grenzen gesetzt. In jedem Bereich der Fort- und Weiterbildung gibt es Bilder, die immer wieder gezeichnet werden. In einzelnen Betrieben können im Rahmen der Weiterbildung häufiger gebrauchte Produkte (von der Glühlampe bis zum Auto, vom PC bis zur Tablettenschachtel), Signets von Firmen oder Firmenteilen usw. Gegenstand der Visualisierung sein.

Abb. 51: Begriffe zeichnen

Hier lohnt es sich, verständliche, aber einfache Standardzeichnungen zu entwickeln und einzuüben. Das lockert Pinwände, Flipcharts und Tafelbilder auf und erleichtert

Abb. 52: Auch Strichmännchen sagen etwas aus.

dem Betrachter das Verständnis, weil ein gutes Bild für »Glühbirne« oft schneller aufgenommen wird als das geschriebene Wort. Gerade bei der Entwicklung von Standardzeichnungen ist die Beschränkung auf wenige Linien sinnvoll. Es sollte nicht viel länger dauern, einen Begriff zu zeichnen, als das betreffende Wort zu schreiben, gerade wenn man eine Visualisierung live entwickelt.
Auch Linienpuppen (vgl. Abb. 53), Gesichter und manche Tiere lassen sich leicht erlernen. Dazu gibt es verschiedene Hilfen (z.B. Ruddies u. Willi, 1985).

Abb. 53: Von der Linienpuppe zu komplizierteren Figuren: So leicht geht das! (aus Ruddies/ Willi, S. 42)

Individuelle Standardzeichnungen haben einen angenehmen Nebeneffekt. Sie wirken wie Markenzeichen. Die Visualisierungen werden schnell als Werke eines bestimmten »Autors« identifiziert.

Wenig nützlich sind Zeichnungen, die inhaltlich nichts aussagen, die auch nicht helfen, Informationen zu transportieren, sondern nur Blickfang sein sollen, wie in der Werbung die Schöne auf der Motorhaube.

Der Übertragungstrick: Vom Kleinformat auf Pinwandgröße

Wer z.B. eine Landkarte auf die Pinwand oder die Tafel übertragen will, bekommt Schwierigkeiten beim freien Zeichnen. Hier gibt es eine einfache Übertragungsmöglichkeit: Von der Karte bzw. dem Kartenausschnitt wird eine Folie kopiert. Diese läßt sich über einen Overheadprojektor auf die Pinwand oder die Tafel projezieren. Das Gerät oder die Pinwand werden so postiert, daß der gewünschte Ausschnitt auf das Plakat paßt. Nun können die Linien mühelos mit Filzstift bzw. Kreide auf die große Fläche übertragen werden. Am Anfang entstehen dabei leicht

Schwierigkeiten, weil man gewohnt ist, direkt vor der Wand stehend zu zeichnen, wobei man hier mitten im Lichtkegel ist und nichts mehr sieht. Mit einem etwas »längeren Arm«und häufigen Positionswechseln läßt sich aber auch bei dieser Technik eine hohe Geschicklichkeit entwikkeln. (Abb. 54; vgl. Heft 4: Arbeitsprojektor und Folien). Fast unumgänglich ist dieses Verfahren des Vergrößerns, wenn bei Grafiken die Größenverhältnisse bei der Übertragung genau stimmen müssen. Ein Säulendiagramm läßt sich so in einem Bruchteil der Zeit übertragen, weil das Ausmessen, Vergrößern um einen Faktor und Wiederübertragen wegfällt. Ähnliches gilt für komplexere grafische Darstellungen wie z.B. den Aufbau eines Warmdaches oder Schaltpläne. Bisweilen bieten sich auch Cartoons oder Teile davon als Auflockerung für vergrößerte Visualisierungen an.

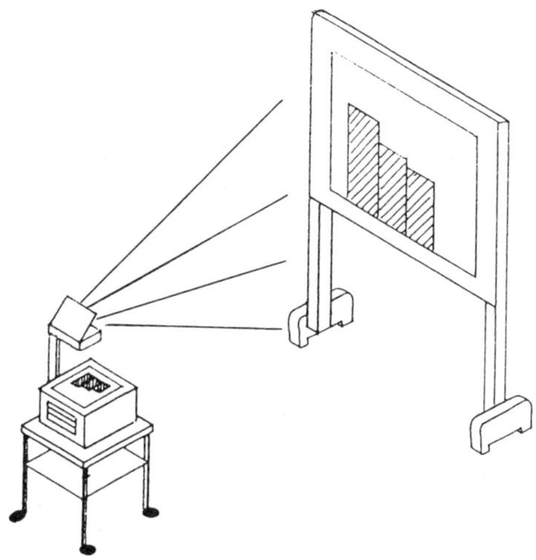

Abb. 54: Die Übertragung von Grafiken auf die Pinwand oder Tafel mit dem Overheadprojektor

Weil sie oft nur aus wenigen Strichen bestehen, lassen Cartoons sich auch live vor Publikum zeichnen. Der Trick dabei: Die Linien wurden bei der Übertragung nur mit einem harten Bleistift leicht nachgezogen, bleiben also für die Zuschauer unsichtbar, während es keine Schwierigkeiten macht, später mit dem Filzstift die Striche für alle sichtbar werden zu lassen.

Statt des Oberheadprojektors kann auch ein Diaprojektor oder ein Epidiaskop verwendet werden. Eine Zukunftswerkstatt entwickelte die Idee, eine Häuserzeile äußerlich à la Hundertwasserhaus in Wien zu sanieren. Aus der Kritikphase vorhandene Dias der Häuser wurden auf mehrere Pinwände projeziert, die Umrisse und Grobstrukturen auf das Packpapier übertragen. Dann wurde die Häuserzeile den »Hundertwassers« überlassen.

Weil nicht alles gelingt...

Abb. 55: Wer absolut sicher gehen will: Zeichnung auf Papier vorbereiten und annadeln!

Wer hat ähnliche Erfahrungen nicht schon gemacht: Ein schneller Entwurf auf einem Blatt Papier gelingt ganz exzellent. Dann geht man an die Tafel oder die Pinwand und will dasselbe tun, aber es gelingt nicht, oder umgekehrt: Man denkt, das zeichne ich schnell hin, aber ausgerechnet jetzt mißlingt die Grafik.

Es gibt noch einen anderen Weg: Man zeichnet auf ein großes Blatt Papier oder farbigen Karton und klebt oder pinnt die Zeichnung (oder den 2. oder den 3. Versuch) an. Das Verkrampfen bei dem Gefühl »Das muß jetzt werden« fällt hier weg (Abb. 55). An der Tafel ist das ja ohnehin anders, weil der Schwamm eine mißlungene Zeichnung schnell verschwinden läßt. Mühsam wird das Wischen oft dann, wenn zuerst Texte angeschrieben werden und dann verworfene Zeichnungen und Skizzen herausgelöscht werden. Also: Zuerst zeichnen und dann schreiben! Schwierige Zeichnungen lassen sich auch auf Papier ausführen und dann ankleben, denn wer hat vor einer Präsentation bei den Tafelvorbereitungen schon Zeit, zweite Versuche zu machen.

Die hier dargestellte Möglichkeit, Fehlversuche zu korrigieren, soll nicht durch die Hintertür den Perfektionsanspruch wieder zulassen. Darum sei wiederholt: Nicht jede Skizze und nicht jede Pinwand muß druckreif und reproduktionswürdig sein. Es geht nicht um Kunstpreise, und vielleicht bleibt ein eiförmiger Kreis gerade wegen der Eiform besser im Gedächtnis als ein runder.

Montagetechniken

Ein neuer und sehr weiter Gestaltungsbereich eröffnet sich, wenn man an Montagetechniken und Applikationen denkt. Das zusammenfassende Mind-Map soll zur kreativen Weiterentwicklung anregen. (Abb. 56)

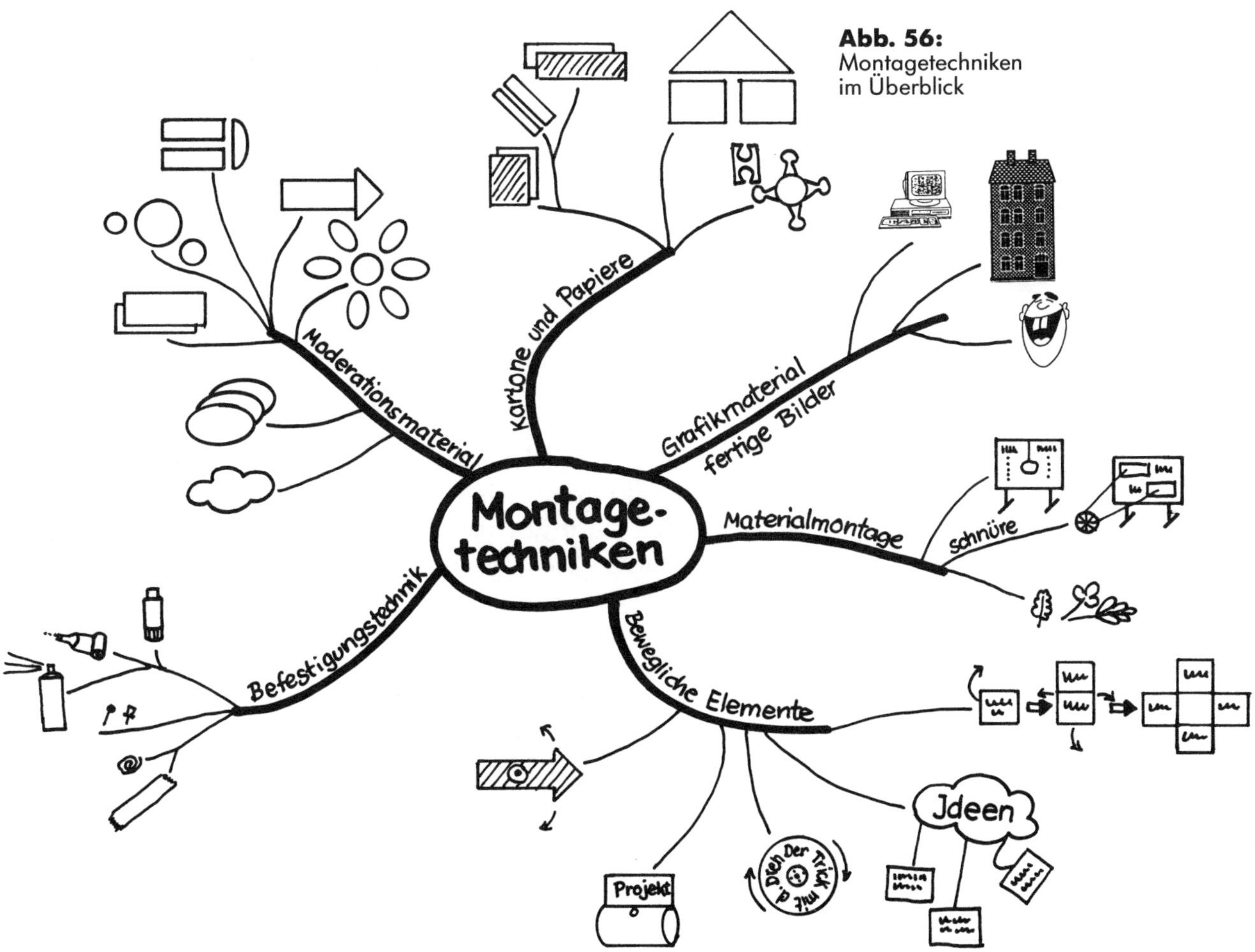

Abb. 56:
Montagetechniken im Überblick

Abb. 57: Durch Hinterlegen mit gleichgroßen dunkleren Karten entsteht ein räumlicher Eindruck.

Befestigungstechnik

Pinwand, Flipchart und Tafel unterscheiden sich bei Applikationen hinsichtlich der Techniken des Befestigens. Universell ist die Pinwand: Auf ihr lassen sich Materialien anpinnen, an Nadeln aufhängen, auf die Papierbespannung kleben. Bei Flipchartständern fällt die Möglichkeit des Annadelns weg, außer die Papierbögen werden an Pinwände gehängt. Bei Tafeln sind Montagetechniken etwas schwieriger. Für das Befestigen von Karten und Papieren eignen sich alle Arten von Klebestreifen, am besten transparente.

Vor allem für Tafel etc. hergestellt sind kleine Kunststoffstückchen (»Hafties«) von etwa einem Quadratzentimeter Größe, die nach dem Kaugummiprinzip (aber ohne Kauen) zuerst auf die Wortkarte oder den Pappstreifen und dann damit auf die Tafel gedruckt werden. Bedingung ist eine saubere Oberfläche, auf Kreidespuren hält so gut wie nichts.

Als praktisch hat sich erwiesen, Tafeln wie Pinwände mit Packpapier (kräftige Klebestreifen) zu überziehen, dann können auch sie mühelos beklebt werden. Klebestifte sind Flüssigklebern vorzuziehen, sie haften schneller, die Gegenstände verrutschen weniger.

Spezielle Montagekleber trocknen nicht ganz, mit ihnen angeklebte Papiere lassen sich so wieder entfernen und erneut befestigen. Allerdings erweist sich eine längere Lagerung dieser Applikationen als kompliziert, weil die Teile dann zusammenkleben.

Sprühkleber sind praktisch, wenn viele Karten bei einer

Präsentation an die Pinwand gehängt werden. Die Fläche wird eingesprüht, das Nadelkissen ist hier überflüssig. Einige Sprühkleber enthalten allerdings umweltschädliche Bestandteile (FCKW).

Abb. 58: Zwei ovale Karten zur Hervorhebung einer rechteckigen

Mit Moderationsmaterial montieren

Das Material aus dem Moderationskoffer läßt sich auch für Gestaltungszwecke nutzen.

Die Bedeutung einer beschriebenen Karte wird verstärkt, wenn unter ihr leicht versetzt eine gleich große Karte in anderer Farbe hängt. (Abb. 57) Es entsteht der Eindruck von Dreidimensionalität. Optisch hervorgehoben werden Karten auch, wenn sie mit zwei Ovalen oder einem großen Kreis hinterlegt werden (Abb. 58) Wer verschiedene Dinge visualisieren will, die eng zusammengehören oder etwa verschiedene Aspekte einer Sache, montiert Karten etwas übereinander und beschreibt nur den sichtbaren Teil. Auch hier empfiehlt sich ein sparsamer Einsatz, weil sonst die Wirkung verloren geht. (Vgl. Abb. 59)

Abb. 59: Verschiedenfarbige Karten hintereinander: Verschiedene Aspekte gehören zusammen

Viele Flipchartbögen sind nach dem Muster aufgebaut: Titel und einige Unterpunkte mit wenig Text. Mit Hilfe des Moderationsmaterials läßt sich diese Struktur umwandeln in ein Zentrum mit den Unterpunkten drum herum. Das kann die Form einer Blume, einer Sonne oder eines Sterns annehmen. Wer den Griff zur Schere nicht scheut, kann Karten hervorheben, indem er deren Ecken abschneidet. Pfeile sind ganz einfach mit rechteckigen und diagonal halbierten Quadraten herzustellen. Halbierte Kreise oder Ovale verwenden wir gerne als Klammer für zwei zusammengehörige Karten. (vgl. Abb. 56)

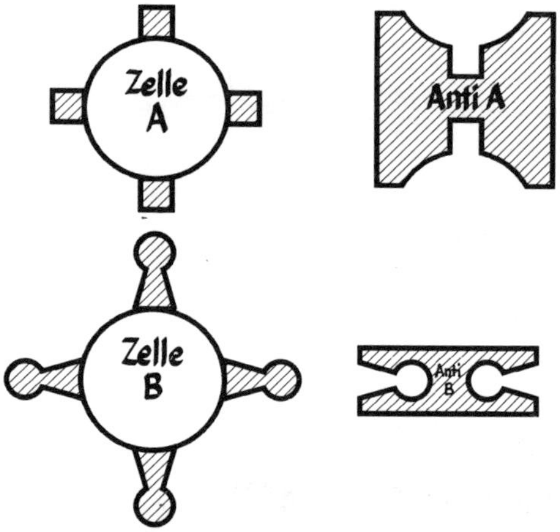

Abb. 60: Stilisierte Körperzellen werden aus Karton ausgeschnitten. Damit lassen sich Vorgänge im Immunsystem an der Pinwand visualisieren.

Abb. 61: Vergrößertes Grafikmaterial läßt sich auch an der Pinwand verwenden.

Farbige Kartone und Papiere

In unseren Seminaren und Trainings hat sich für Visualisierungen an der Pinwand und auf Flipchartbögen eine große Jurismappe mit einem Sammelsurium bunter Papiere und farbiger Kartone (vom blassen Gelb bis zu Signalrot) und Formaten bewährt. Zentrale Aussagen zu einem Thema werden auf einen großen farbigen Bogen geschrieben oder gezeichnet und so deutlich von einem andersfarbigen Umfeld abgehoben.

Tauchen in Lernprozessen die gleichen Bildelemente immer wieder auf (beispielsweise Produkte, Molekülstrukturen oder Blutkörperchen), dann lohnt es sich, sie aus Papier oder Pappe auszuschneiden, eventuell auch aus mehreren Teilen zusammenzusetzen. (Abb. 60) Wird nicht ein Blatt, sondern gleich mehrere übereinandergelegte Blätter oder Kartone auf einmal ausgeschnitten, lassen sich öfter gebrauchte Formen leicht vervielfachen.
Die Materialmappe regt aber auch schon auf einer einfacheren Ebene zur Variation an: Große Streifen, Ovale usw. aus Leuchtkarten können Überschriftenwolken ersetzen. Bei mehreren Plakaten bekommen thematisch zusammengehörige Überschriften dieselbe Farbe oder Form, um den Überblick zu erleichtern.

Grafikmaterial und fertige Bilder

Für die Unterlagen- und Folienerstellung gibt es schon lange umfangreiches Grafikmaterial in Ordnern und Schnippelbüchern. (Grüneisl & Zacharias, 1981; Orf & Flick, 1986) Manche Firmen haben für Aus- und Weiterbildung eigene Sammlungen von Bildmappen. Man kann sie auf DIN A3 hochvergrößern. Fertigbilder haben allerdings ein

Risiko: Je besser ein Bild oder eine Bildsammlung ist, umso bekannter ist sie. Ein lachendes Gesicht auf ein Plakat geklebt, wirkt beim ersten Mal als Gag. Teilnehmer, die dieses Gesicht zum fünften Mal im Zeitraum eines halben Jahres sehen, empfinden es als abgedroschen und einfallslos. Darum legt man sich besser selber aus Zeitungen, Zeitschriften und Werbematerial eine eigene Bildersammlung zu.

Materialmontage

An Pinwänden und Tafeln läßt sich alles mögliche Material befestigen, die Frage ist immer: Ist das auch im Hinblick auf den Lernprozeß und den Lerngewinn sinnvoll?
Beispiele:

- Es geht um die Verkaufsschulung für eine ganz neue Glühlampenart. Eine Originallampe hänge ich in die Mitte der Pinwand, die Argumente werden links und rechts notiert.

- Tabubereiche in Gesprächen mit Kunden werden gesammelt. Statt von Tabubereichen wird von Feigenblättern gesprochen, die nicht angetastet werden dürfen. Echte Blätter dienen zur Visualisierung.

- Ideen aus einer Kreativphase von Zukunftswerkstätten oder Besprechungen, die auf einer Pinwand notiert sind, werden auf ihre Realisierungsmöglichkeiten geprüft. Bei jeder Idee hängt ein Luftballon. Wenn keine Realisierungsmöglichkeiten erkennbar sind, läßt man den Luftballon platzen. So muß jede Idee geprüft werden, und sie wird nicht durchgestrichen.
- Schwierige Gesprächssituationen bezeichnen wir als »heiße Kartoffeln«. Eine echte Kartoffel an der Pinwand

Abb. 62: Eine echte Kartoffel an der Pinwand lockert eine schwierige Situation auf.

lockert im Rhetorikseminar die Atmosphäre. Kaum jemand hat Mühe, seine Probleme zu erzählen. (Vgl. Abb. 62)

Es gibt Fälle, in denen der Gegenstand eines Arbeits- oder Lernprozesses original auf der Pinwand oder Tafel auftauchen kann. In Veranstaltungen über Schadensbilder an Bäumen sind echte Zweige von Fichten und Tannen oder Blätter von kranken Eichen und Buchen an der Pinwand wirkungsvoller als Zeichnungen und Fotos davon.

Abb. 63:
Vernetzungen mit Schnüren darstellen!

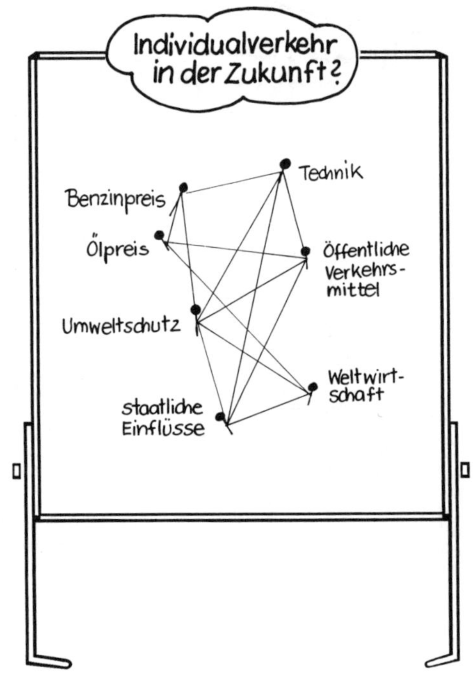

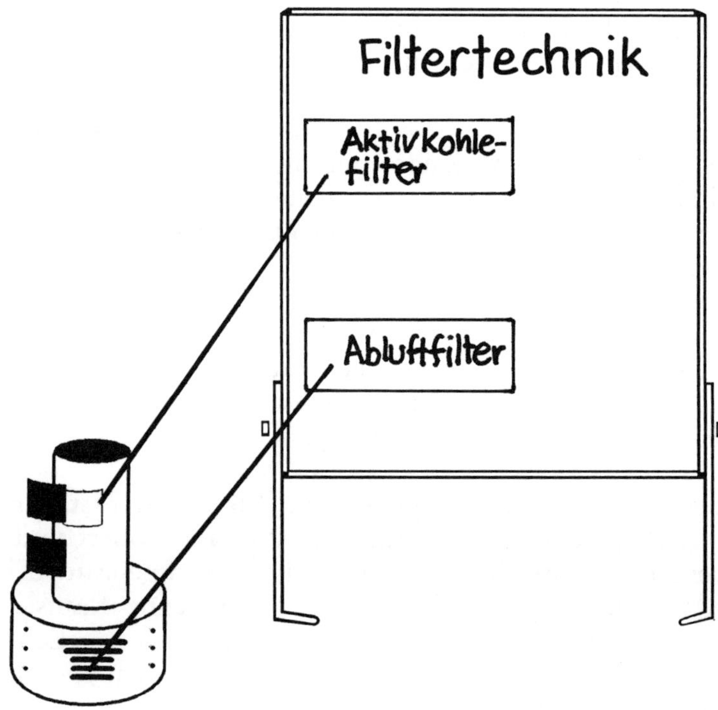

Abb. 64:
Schnüre verbinden Gegenstand und Erklärung.

Stoffmuster in der Textilbranche erscheinen nicht als Bild, Bezeichnung oder gar Nummer auf der Pinwand, sondern im Original nebeneinander. Geht es um die Auswahl für eine Kollektion, können darunter mit roten und grünen Karten die Pro- und Contra-Argumente gesammelt werden. Ein Sonderfall der Materialmontage sind Schnüre, Bänder und Fäden auf der Pinwand. Sie dienen nicht nur zum Befestigen von Material und zur Herstellung beweglicher Montagen. Sie können die Funktion von vorläufigen oder veränderbaren Strichen übernehmen. Vernetzungen (vgl. Abb. 63) lassen sich am besten mit Schnüren zeigen und entwickeln. Der Netzcharakter wirkt viel einprägsamer als nur mit Strichen gezeichnet. Schnüre können auch die Fläche der Pinwand verlassen und den Raum miteinbeziehen. Größere Gegenstände werden vor der Pinwand aufgestellt, werden aber auf der Fläche erklärt. Die Schnur verbindet dann Gegenstand und Begriff. (Abb. 64)

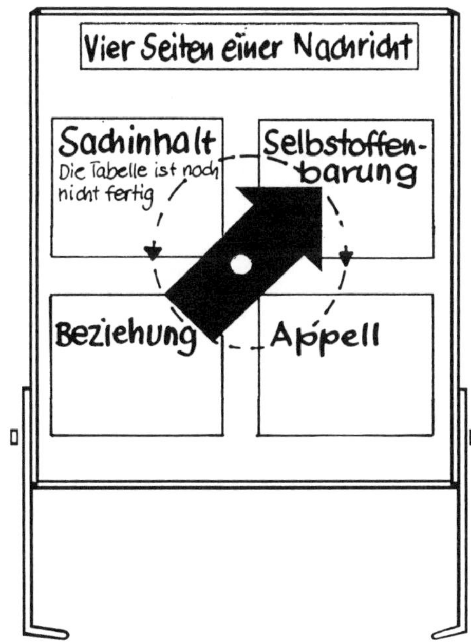

Abb. 65: Der Drehpfeil markiert die jeweilige Perspektive der Gesprächsanalyse.

Bewegliche Elemente

Bei Präsentationen leisten bewegliche Elemente gelegentlich gute Dienste. Der Drehpfeil z.B. zeigt während eines Kurzvortrags auf den gerade behandelten Aspekt der Thematik. (Abb. 65) Zur Visualisierung von zeitlichen Abläufen wird der Pfeil zum Uhrzeiger. Als Drehpunkt und Achse eignen sich Nadeln. Auf Flipchartbögen setzen wir in diesen Fällen Musterbeutelklammern für Versandtaschen oder große Druckknöpfe aus dem Textilfachhandel ein. Werden Bögen öfter verwendet, empfiehlt es sich, die Löcher mit Karton oder Klebeband zu verstärken. Auch selbstklebende Verstärkungsringe verhindern ein Ausreißen.

Pfeile müssen nicht unbedingt mit einem Drehpunkt befes-

Abb. 66: Ganz einfach: Der Kreis zum Drehen.

tigt werden. Auf ganz dünne Folie gezeichnet, haften sie zumindest für einige Zeit von selbst auf Papierflächen, aber auch an der Tafel. Diese Technik der bemalten Folie, die von selbst haftet, eignet sich in den Fällen, in denen die Positionen eines Gegenstandes häufiger verändert werden (z.B. die Stellung eines Schalters).

Ganz einfache bewegliche Elemente entstehen, wenn beschriftete Kreise mit einem Druckknopf an der Pinwand bzw. einem Flipchartblatt befestigt werden. Das lädt insbesondere im Rahmen von Postersessions (Vgl. Kapitel 5) zum Drehen ein, um die Schrift ohne Kopfverrenkungen lesen zu können. (Vgl. Abb. 66)

Mit Aufklapp- und Auffalttechniken lassen sich Bilder Stück für Stück entwickeln. Bei der einfachsten Variante dieser Technik hängt ein gefaltetes Blatt Papier an der Pinwand. Die Grafik auf dem Papier wird dann genau in dem Moment aufgeklappt, wenn sie gebraucht und besprochen wird. (Vgl. Abb. 67).

Abb. 67: Aufklapptechnik: Das Plakat wird erst aufgeklappt, wenn es gebraucht wird.

Abb. 68: Die Auffalttechnik: Eine vorbereitete Visualisierung wird nach und nach gezeigt.

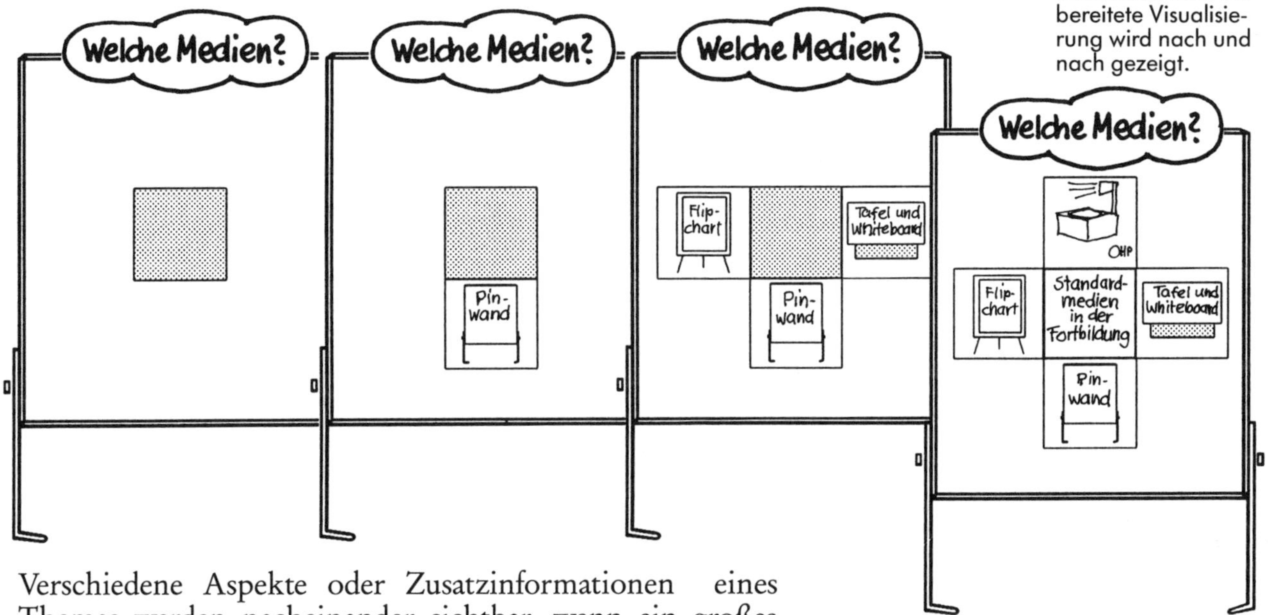

Verschiedene Aspekte oder Zusatzinformationen eines Themas werden nacheinander sichtbar, wenn ein großes Papier wie die Teile einer Schachtel geschnitten und dann zusammengelegt wurde. An der Pinwand werden die Seitenteile nacheinander aufgefaltet. (Abb. 68)

Diese Auffalttechnik ist so einfach, daß sie öfter eingesetzt werden kann. Dem gegenüber benötigen Verschiebevarianten schon umfangreichere Vorarbeiten. Außerdem lassen sich nur wenig Informationen vermitteln. (Vgl. Abb. 69)

Eindrucksvoll ist dagegen bei dieser Technik die Darstellung von Veränderungen.

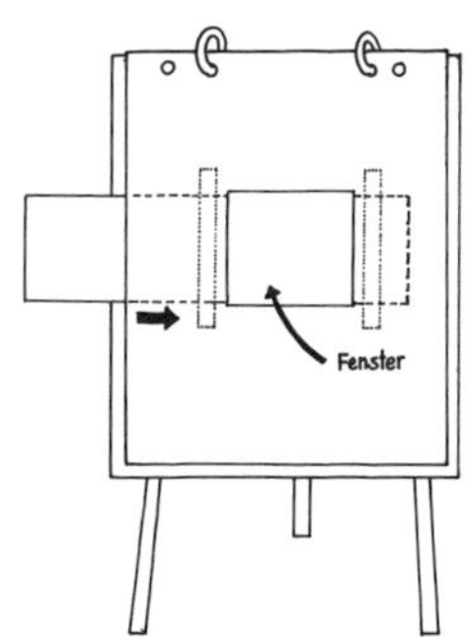

Abb. 69: Schiebetechnik: Im ausgeschnittenen Fenster wechseln die Bilder.

Mind-Mapping und die Integration der Gestaltungsmöglichkeiten

Ein Mind-Map wurde in diesem Kapitel schon zur Darstellung von Montagemöglichkeiten verwendet (Vgl. Abb. 56). Hier wird der Mind-Mapping-Technik ein eigener Abschnitt gewidmet, weil sie sich zum einen als fast ideale Darstellungstechnik für komplexere Sachverhalte auf Tafel und Pinwand eignet, und weil sich in ihr fast alle Gestaltungsmöglichkeiten, die in diesem Kapitel angesprochen wurden, integrieren lassen.

Was ist Mind-Mapping?

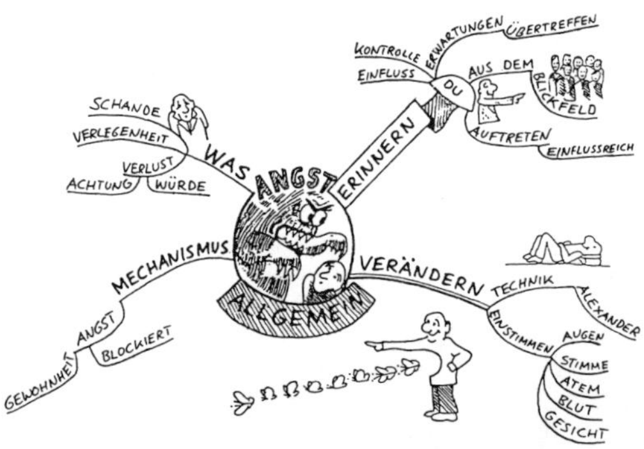

Abb. 70: Redeangst und was man dagegen tun kann. Ein Mind-Map von M.J. Gelb (1989, .97)

Ursprünglich ist Mind-Mapping eine Methode zum Aufschreiben und Aufzeichnen von Gedanken. Diese Visualisierungsform versucht den Vorgängen in unserem Gehirn gerecht zu werden.

Das Denken soll wie eine Landkarte abgebildet werden. Unsere Gedanken springen von einem zentralen Thema zu einem anderen, befassen sich dazwischen mit einer Detailfrage oder streifen ganz entfernte Bereiche. Wir verfolgen Gedankenpfade, stellen Gabelungen und Verzweigungen her, verlassen plötzlich diesen Weg, suchen einen anderen auf, um dann doch wieder beim ersten oder bei einem ganz anderen weiterzudenken. Und trotzdem bleibt der Überblick über das Ganze erhalten.

Dieser komplexe Vorgang läßt sich mit linearen, logisch stringent geordneten Schreibtechniken nur ungenau abbilden, Gedanken müssen erst in Texte umgearbeitet werden. Dabei geht bisweilen viel Inhalt verloren. Der Seufzer »Mir fällt nichts ein!« ist oft weniger Ausdruck eines tatsächlich versiegenden Gedankenstroms, als der Schwierigkeit, ihn zu notieren und zu ordnen.

Im Mind-Mapping-Prozeß werden Gedanken nicht verarbeitet, sondern einfach notiert, so wie sie aus dem Kopf kommen. Oft erleben Neulinge, nachdem die technischen Hürden mit den wenigen Regeln genommen sind, ganz euphorisch, was sie in kürzester Zeit geordnet und übersichtlich durch die Mind-Map-Technik zu Papier bringen. Zudem läßt sich das »Produkt«, das Mind-Map, immer wieder problemlos ergänzen und erweitern. Mind-Maps sind eigentlich (wie unser Denken) nie ganz fertig.

Abb. 71:
Schritt 1: Das Problem, das Thema kommt in die Mitte.

Anwenden läßt sich diese Mind-Mapping-Technik überall da, wo Ideen produziert, geordnet und notiert werden sollen: Planungen, Manuskripte, Konzepte für Veranstaltungen, Redeunterlagen, Briefe, Prüfungsvorbereitungen usw.

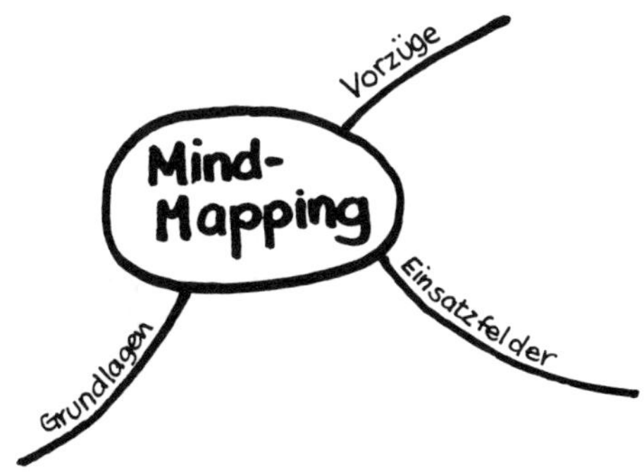

Abb. 72:
Schritt 2: Die ersten Hauptäste.

Mind-Maps auf Tafel und Pinwand

Weil Mind-Maps von ihrer Konzeption her kreativ gestaltet, aber immer geordnet und übersichtlich sind, erleichtern sie die Kommunikation enorm. Vergrößert und um einige Gestaltungskriterien verfeinert, erweisen sich Mind-Maps als beinahe universell einsetzbares Hilfsmittel zur Visualisierung komplexer Sachverhalte.

Wie wird nun ein Mind-Map gestaltet? Am besten eignen sich dazu die Tafel oder die mit Packpapier bespannte Pinwand. Flipchartbögen verwenden wir nicht, weil sie zu klein sind, und deshalb Schriften aus der Entfernung von wenigen Metern nicht mehr gelesen werden können. Außerdem stört das Hochformat auf dem Flipchart-Ständer.

Zuerst wird als Zentrum in die Mitte ein Begriff, eine Frage oder das Thema geschrieben bzw. als Bild gezeichnet. (Abb. 71) Im zweiten Schritt überlegt man sich wichtige Aspekte, die zu Hauptästen werden. Die möglichst auf ein Wort reduzierten Hauptpunkte werden auf die Linien geschrieben. (Abb. 72) Wie es weitergeht, bleibt dem Gedankenstrom des Schreibers (oder der Gruppe vor der Pinwand) überlassen. Ich kann nun weitere Hauptäste zu der Thematik aufschreiben oder Hauptäste in Nebenäste aufschlüsseln. Ich kann aber auch von Ast zu Ast springen, beliebig ergänzen, Hauptäste und Nebenäste einfügen und durch Pfeile und Einrahmungen Beziehungen herstellen. (Abb. 73)

Abb. 73:
Schritt 3: Immer munter weiter, Unterpunkte, neue Hauptäste, Verzweigungen! Einfach die Gedanken notieren.

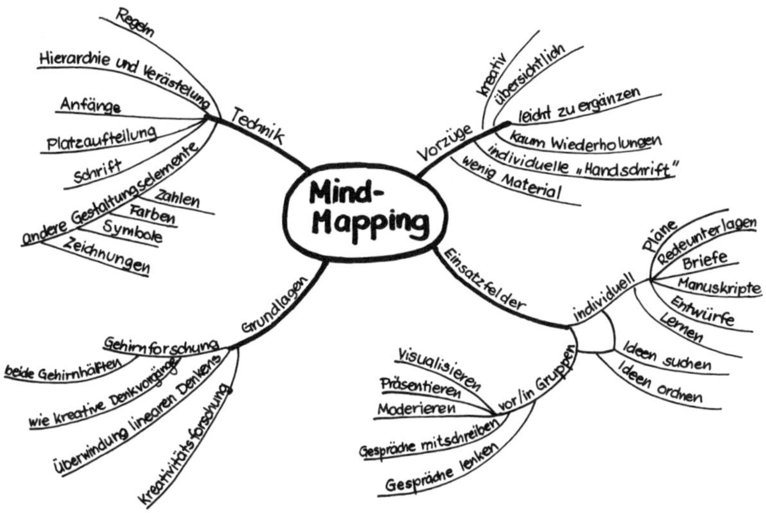

Abb. 74: Fertig, aber immer noch erweiterungsfähig.

Bis hierher sind öffentlich erstellte Mind-Maps auf Pinwand und Tafel identisch mit der individuellen Anwendung. Darüber hinaus haben sich bei uns für die Pinwand- und Tafelversion zusätzliche Regeln bewährt:

- **Die Waagrechte suchen !**

Das Drehen des Blattes ist gerade bei den ersten individuellen Versuchen im Kleinformat (die der Anwendung auf großen Flächen unbedingt vorausgehen sollten) fast eine Notwendigkeit. Tafel und Pinwände lassen sich nicht auf den Kopf stellen, dafür müßten das oft die Betrachter tun, wenn in alle Richtungen sternförmig geschrieben wird. Um diese Verrenkungen zu vermeiden, sollte man mit den Ästen immer die Waagrechte suchen. Aus diesem Grunde bevorzugen wir auch das Querformat.

• Verästelungen beschränken !

Während das Mind-Map auf dem Schreibtisch immer weiter verästelt werden kann (zur Not wird Papier angestükkelt), muß auf Pinwand und Tafel mehr auf Übersichtlichkeit geachtet werden. Deshalb sollten Nebenzweige sich möglichst nicht noch weiter verästeln, um die zu einem Hauptstrang gehörigen Unterpunkte von anderen Hauptästen deutlich abzusetzen.

• Im Uhrzeigersinn anordnen !

Wenn Mind-Maps nicht spontan entstehen, sondern zu Präsentationszwecken schon überlegt oder vorbereitet sind, ist es für den Betrachter nützlich, die Hauptäste und Schlüsselwörter im Uhrzeigersinn nacheinander anzuordnen. Das kommt der Wahrnehmung sehr entgegen.

• Auch Bilder verwenden !

So oft es geht, sollen in Mind-Maps Wörter durch markante Bilder ersetzt werden. Sie sind schneller aufzunehmen, leichter einzuprägen und regen das Weiterdenken an. Bilder und Farben geben auch den Mind-Maps besondere Kennzeichen.

Gestaltungsmöglichkeiten beim Mind-Mapping

Alle Gestaltungsmöglichkeiten auf Pinwand, Tafel und Flipchart sind auch für die Mind-Maps gegeben. Wir fassen die wichtigsten Regeln zusammen:

- Schrift:
  Am besten ist es, mit gut leserlichen Druckbuchstaben klein und groß abwechselnd zu schreiben.

- Farbe:
  Hauptäste und Nebenäste können farblich unterschieden werden. Farben (Wachsmalkreiden) dienen dazu, zentrale oder zusammengehörige Begriffe, Äste, Felder durch Hinterlegen oder Einrahmungen farblich zu kennzeichnen.

- Die Raumaufteilung ergibt sich beim Mind-Mapping meist von selbst, vermeiden sollte man jedoch eine Rechts- oder Linkslastigkeit, mit vielen Hauptästen auf einer und wenigen auf der anderen Seite.

- Unter den Symbolen kommt den Pfeilen eine besondere Bedeutung zu, mit ihnen werden Zusammenhänge und Wechselbeziehungen angedeutet. Widersprüche, Fragen und Betonungen, Wertungen und Reihenfolgen lassen sich durch andere Zeichen leicht ausdrücken.

- Gezeichnet werden kann alles, was sich in wenigen Strichen darstellen läßt, nicht viel Platz braucht und doch zu erkennen ist.

Montieren lassen sich vor allem Bilder, aber auch Material. Wenn ich Teilbereiche betonen will, kann ich auch die Haupt-, Nebenast-Struktur verlassen und statt dessen ein Paket aus verschiedenen Elementen oder ganz einfach eine geordnete Reihe von Karten befestigen.

Wenn auch in Abb. 75 für diesen Zweck alle möglichen Gestaltungselemente in einem Mind-Map zusammengefaßt

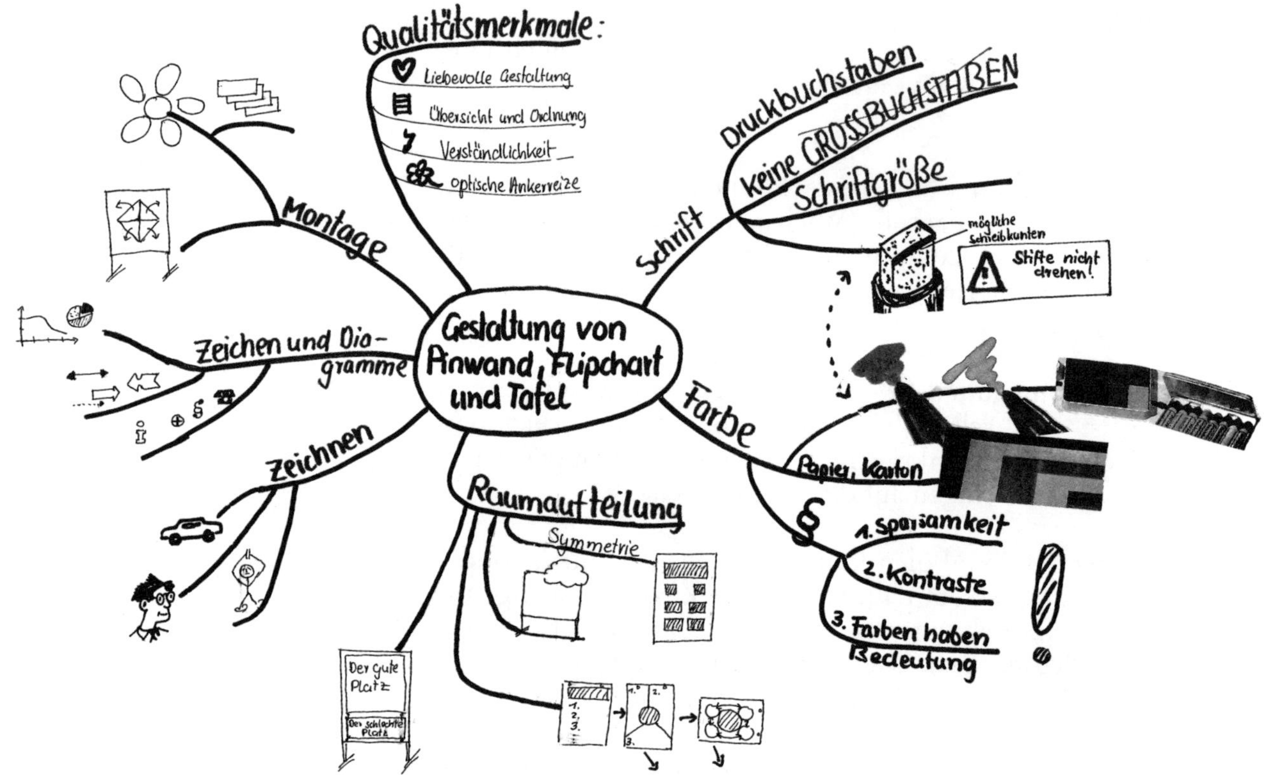

Abb. 75: Ein Mind-Map als Zusammenfassung des Kapitels. Es könnte auch auf einer Pinwand stehen.

sind, immer ist Üppigkeit nicht ratsam. Für Pinwand-, Tafel- und Flipchart-Gestaltung hat sich der allgemeine Grundsatz bewährt, vor allem das Besondere besonders zu gestalten.

Lernen und Arbeiten mit Pinwand, Flipchart und Tafel

Bei der Arbeit an Pinwand, Flipchart und Tafel kommt es nicht nur darauf an, alle Gestaltungsfinessen zu kennen, sondern sie auch richtig und situationsangemessen anzuwenden. Nicht immer alle Register zu ziehen, ist das Ziel, sondern für den jeweiligen Anlaß und Verwendungszweck die richtigen.

Wir gehen von vier unterscheidbaren Funktionen von Tafel, Flipchart und Pinwand im Rahmen von Aus- und Weiterbildung aus:

a) *Information und Präsentation* sind Hauptaufgaben, wobei das Spektrum von der Pinwand, die für sich selbst spricht, bis zu den während eines Vortrags live erstellten Tafelbildern reicht.

b) Im Rahmen von Besprechungs- und Moderationstechniken dienen die drei Medien gerne als *Sammel- und Ordnungsflächen* z.B. für Ideen, Meinungen, Vorschläge, Informationen.

c) Eine dritte Funktion besteht in der *Strukturierung von Lernprozessen* durch Visualisierung.

d) Schließlich werden die drei Medien auch dafür eingesetzt, *Lern- und Arbeitsergebnisse* festzuhalten.

Information und Präsentation

Informieren heißt hier, dem Betrachter Inhalte visuell zu vermitteln. Die Mischung aus Vortrag bzw. Kommentierung und Visualisierung bezeichnen wir als Präsentation. In jedem Falle ist es nötig, Informationen mediengerecht aufzubereiten.

Informationsaufbereitung

Die Informationsaufbereitung beginnt mit der Zielklärung: Welche Zielgruppe ist angesprochen, welches Wissen, welche Begriffe und Zusammenhänge kann ich als bekannt voraussetzen? Was will und kann ich mit meiner Information erreichen? Vollständigkeit und umfassende Information sind dabei kein Ziel, das mit dem beschränkten Raum auf der Tafel oder der Pinwand optimal zu erreichen ist.

Ein weiterer Schritt ist die *Informationsreduzierung.* Kürze und Knappheit sind wesentliche Ansprüche an verständliche Informationen. Optimal eignen sich Inhalte, die sich auf wenige aussagekräftige Begriffe und Bilder reduzieren lassen. Kürze bedeutet also sowohl Reduzierung von Text, als auch eine Beschränkung auf maximal fünf bis sechs angesprochene Punkte.

Zu beachten sind *Ordnung, Reihenfolge und Struktur* dieser Inhaltspunkte. Hier eröffnet sich den drei Medien eine Fülle von Ordnungsmöglichkeiten. Vortrag, Film und Tonkonserve sind gezwungen, Punkte nacheinander zu behandeln, selbst wenn sie zeitgleich ablaufen. Das ist auf der Pinwand anders: Ich kann auch gleichzeitige Einflüsse darstellen. Es lassen sich von einem Zentrum ausgehende Wirkungen, aber auch Überschneidungen als mögliche Ordnungsmuster aufzeichnen.

Daß bei der Informationsaufbereitung auf *Richtigkeit* der Inhalte und auf *Verständlichkeit* geachtet wird, ist selbstverständlich.

Bei der Arbeit mit Pinwand, Flipchart und Tafel ist ein *Stimulans* zwar nicht unbedingt nötig, aber doch für die Informationsaufnahme und Speicherung sehr förderlich. Besondere Wirkung zeigen erfahrungsgemäß kleine Pinwand- und Tafelgags. Das kann eine besondere Darstellungsform sein (ein Haus oder eine Blume vielleicht), ein aus dem

Abb. 76: Ein ganz einfaches Bild (von H. Will) erklärt das didaktische Prinzip der »optimalen Passung«.

Rahmen fallendes Bild (Elefanten für Argumente) oder eine Applikation, und sei es nur ein lachendes Gesicht oder »der Apfel der Erkenntnis« für eine ganz neue Information. Ein Stimulans braucht nicht unbedingt selbst ein Informationsträger zu sein, wichtig ist, daß er wie ein Haken wirkt, an dem Informationen im Gedächtnis dauerhaft festgehalten werden.

Wesentlich für die Informationsaufbereitung ist die Optik. Nicht immer fällt es leicht, Begriffe und Sachverhalte in eingängige Bilder zu »übersetzen«. Die Schwierigkeit scheint jedoch oft weniger in der Sache selbst als im Denken des Gestalters zu liegen. Es gibt »visuelle« Menschen, denen zu jedem Begriff Bilder einfallen, anderen gelingt das nur mühsam. Aber auch hier hilft Übung.

Ziel der Informationsaufbereitung sollte in jedem Falle sein, möglichst viele Inhalte nicht über Worte, sondern über Bilder zu vermitteln. Sie informieren oft umfassender als langer Text. (Vgl. Abb. 76) Auch die Zusammenfassung dieses Abschnittes mit der »Informationsblume« zeigt, daß Pinwand, Tafel und Flipchart nicht nur als vergrößerte Schreibflächen verwendet werden können. (Vgl. Abb. 77)

Die Postersession - vorbereitete Pinwände, die für sich selbst sprechen

Die drei Medien müssen nicht unbedingt in vorgeplante Lern- und Arbeitseinheiten integriert sein, sie können auch als Ausstellungsflächen benutzt werden und informieren, ohne präsentiert zu werden. Hier haben Pinwände Vorrang. Sie können in größerer Zahl aneinandergereiht werden, und der Lernende geht von einer Pinwand zur nächsten.

Die »Lernausbeute« bei unkommentierten und nicht präsentierten Visualisierungen mag insgesamt geringer sein, allerdings haben Pinwände, die wirklich für sich sprechen, auch Vorteile, weil der Betrachter das Lerntempo selbst be-

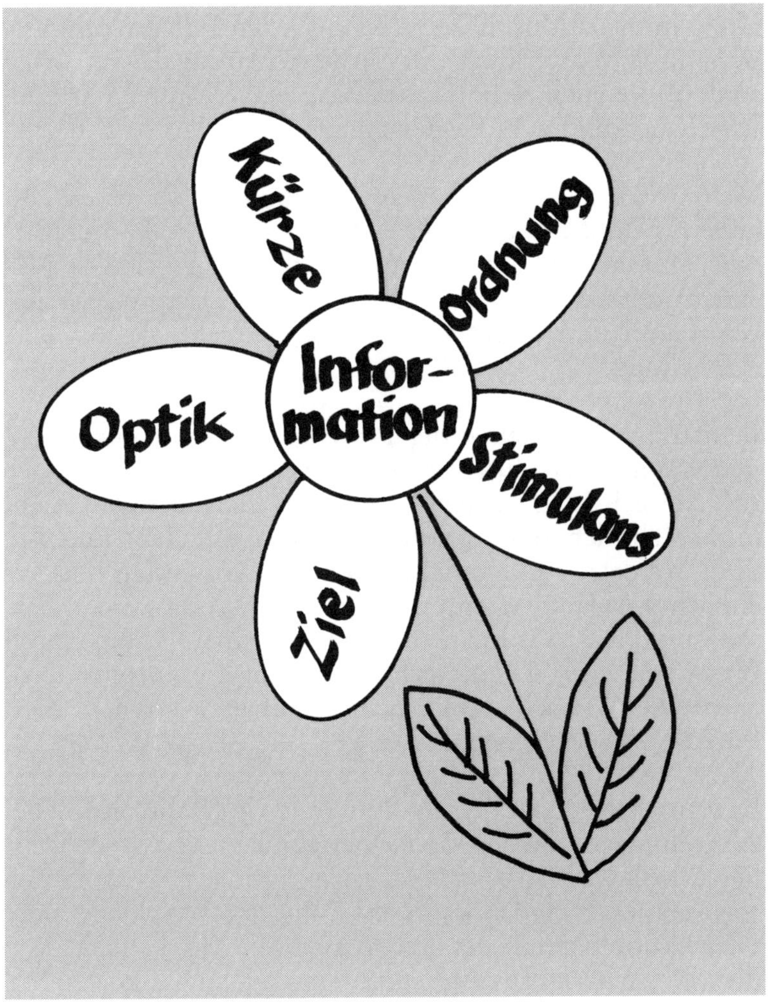

Abb. 77: Anforderungen an verständliche Informationen, dargestellt als Informationsblume: Ovale und runde Moderationskarten, ergänzt mit wenigen Strichen.

Abb. 78: Eine Aktiv-Pinwand wird nicht nur betrachtet. Stifte laden zum Ergänzen ein.

stimmt. Nicht ein Präsentator oder Moderator wechselt (und das oft zu schnell) von einem Bild zum nächsten, sondern der Lernende selbst. Er kann auch zurückgehen und sich eine Tafel noch einmal anschauen.

Diese Informationsplakate sind auf jeden Fall daraufhin zu prüfen, ob sie wirklich ohne jede Erklärung zu verstehen sind, ob sie auch ohne Hinführung oder Kommentar zum Anschauen und zum Lernen anregen.

Mehrere Pinwände können auch verbunden werden. Dafür haben sich die Ausdrücke »Postersession«, »Lernmarkt« oder »Infomarkt« eingebürgert. (Vgl. Heidack, 1987). Weil eine Postersession so konzipiert ist, daß Lernprozesse ausgelöst und unterstützt werden, ist sie mehr als nur eine Ausstellung.

Beim Zusammenstellen der Pinwände ist nicht nur auf einen erkennbaren Zusammenhang zu achten, sondern auch auf Abwechslung in der Gestaltung. Plakate sollen nicht immer ähnlich strukturiert sein, etwa mit Text und Bildern, sondern z.B. einmal als Bild, als Mind-Map oder als einfaches Ablaufdiagramm. Bei einem Vortrag werden Pausen eingebaut, warum nicht auch bei einer Postersession? Bilder (die zum Thema gehören, weniger informieren als ansprechen), Karikaturen oder Ähnliches können diese Funktion übernehmen.

Bewährt haben sich »Aktiv-Pinwände« im Rahmen solcher Ausstellungen, die den Betrachter aus seiner passiven Rolle herauslocken. Das schaffen Visualisierungen, in denen etwas verändert werden kann, etwa mit der Verschiebe- oder Druckknopftechnik. Es besteht auch die Möglichkeit, Moderationsmaterial auszulegen und mit einem geeigneten Statement schriftliche Äußerungen anzuregen. Erfahrungsgemäß gelingt das auf einer leeren Pinwand weniger leicht, als wenn schon ein paar beschriftete Karten hängen (niemand will der Erste sein). Auch durch bereitgelegte Klebepunkte können Stellungnahmen provoziert werden.

Oft werden derartige Ausstellungen in einem Raum aufgebaut, in dem sich die Zielgruppe ohnehin öfter aufhält (in einem Foyer, vor der Kantine, in Pausenhallen). Das hat

> Folgendes Beispiel faßt viele Ideen zu Pinwänden aus einer Postersession zusammen: Eine Ausstellung in einem metallverarbeitenden Betrieb zum Thema »Arbeitsplatzsicherheit« zeigte auf der ersten Pinwand »Gerade noch mal gutgegangen« eine Hand, die um Haaresbreite an einem Stanzwerkzeug vorbeigriff. Es folgten Plakate, auf denen die Unfallschwerpunkte durch Fähnchen auf einem Fabrikplan (pro Unfall ein Fähnchen) gekennzeichnet waren. Die unfallträchtigsten Stellen waren groß abgebildet, die Ursachen veranschaulicht. Neben direkt auf die Arbeit und die Arbeitsplätze zugeschnittenen Wänden und Tafeln waren zwei »Pausen-Pinwände«. Die eine zeigte eine Karikatur eines Roboters, eingeklemmt in eine Metallpresse: »Das Arbeitsplatz-Sicherheitsproblem der Zukunft«, die zweite stellte eine alte und eine moderne Presse in bezug auf Sicherheitseinrichtungen gegenüber. Eine Aktiv-Pinwand forderte auf, konkrete Verbesserungsvorschläge (Strafen bei Arbeit ohne Schutzbrille, noch bessere Maschinen, Robotereinsatz an Unfallschwerpunkten...) mit jeweils einem Klebepunkt zu werten.
> Die zweite Aktiv-Pinwand zielte auf »Unentdeckte Gefahrenquellen in unserem Betrieb«. Die Beschäftigten sollten solche unfallträchtigen Stellen auf bereitgelegten Karten notieren und diese anpinnen. (Vgl. Abb. 78)
> Im Anschluß an Pausen, also während der Arbeitszeit, hatten die Beschäftigten Gelegenheit, gruppenweise den »Lehrpfad Arbeitsplatzsicherheit« entlang zu gehen. Das Projekt wurde sehr positiv aufgenommen, vor allem, weil man auf den mahnenden Zeigefinger weitgehend verzichtet hatte.

den unbestreitbaren Vorteil, daß die Information zu den Menschen kommt und nicht umgekehrt. Ein Nachteil liegt darin, daß sich wenige den Gang entlang der Pinwände bewußt vornehmen, vielmehr eher mal die eine oder andere Stellfläche anschauen, ohne wirklich lernen zu wollen.

Präsentierte Informationen

Meistens stehen Informationen, die über Pinwand, Tafel und Flipchart vermittelt werden, nicht allein, sie sind in Arbeits- oder Lernprozesse eingebunden und werden kommentiert oder präsentiert. Die Information läuft also über zwei Kanäle und ihre Verbindung, über Visualisierung für das Auge und Vortrag für das Ohr.

Grundsätzlich kommen dafür alle möglichen Medien in Frage. Tafel, Flipchart und Pinwand ist aber besonders dann der Vorzug vor anderen zu geben, wenn die Informationen im wahrsten Wortsinne »stehenbleiben soll«, weil sie wichtige Grundlage sind, weil auf ihnen aufgebaut oder mit ihnen weiter gearbeitet wird. Hier kommt die Funktion der Dauermedien besonders gut zum Tragen. Anders ist das bei Erläuterungen zu einem Diagramm, das Tendenzen aufzeigt. Dort ist die Folie auf dem Arbeitsprojektor ökonomischer (vgl. Will, 1991), Handlungsabläufe werden besser im Film oder Video gezeigt (Vgl. Kittelberger/Freisleben, 1991).

Live entwickelt oder vorbereitet?

Plakate und Tafelbilder können zur Präsentation fertig vorbereitet werden oder auf leeren Flipchartblättern, Pinwandpapieren oder Tafeln »live« vor den Augen des Publikums entstehen. Die fertige Visualisierung ist in aller Ruhe, ohne jeden Zeitdruck gestaltet, Proportionen und Bildwirkungen können verändert werden, bis alles paßt, alle Register der Gestaltungsmöglichkeiten stehen zur Verfügung. Das ist ein ganz »dickes Plus« des Fertigprodukts. Nachteile sehen wir darin, daß alle Informationen, auch die, über die erst später gesprochen wird, auf einmal sichtbar werden. Das erfordert eine Bündelung der Konzentration der Zuhörer auf die gerade behandelten Aspekte.

Dieses Problem fällt weitgehend weg, wenn die Visualisierung parallel zum Vortrag entwickelt wird. Die Abstimmung von beiden ergibt sich fast von selbst.

Nun ist das Gestalten einer großen Fläche nicht so einfach wie das einer Folie auf dem Arbeitsprojektor. Allein schon die große Schrift erfordert Zeit, und in dieser Zeit kann der Referent den Zuhörern nur den Rücken zeigen. Das freie Zeichnen ist nicht jedermanns Sache. Bei Diagrammen o.ä. ist eine Entwicklung »live« ohnehin schwer möglich.

Die Lösung:
Mit vorbereiteten Elementen »live« entwickeln.

Eine Verbindung der zwei Extreme »live« und »ganz vorbereitet« sind Verfahren, in denen die Präsentation zwar vorbereitet, aber erst nach und nach sichtbar gemacht wird. Wenn die Tafel oder das Pinwandpapier schon vor der Information mit Bleistift oder Kreide kaum erkennbar strukturiert werden, fällt das Raumaufteilungsproblem weg. Natürlich braucht bei dieser Minimalvorarbeit (Inhalt überlegt und Pinwand bzw. Tafel unauffällig strukturiert) das Schreiben noch sehr viel Zeit. Diese reduziert sich durch das Anheften von vorgefertigten Wortkarten, Wolken, fertigen Skizzen, Bildern und Diagrammen, die auf

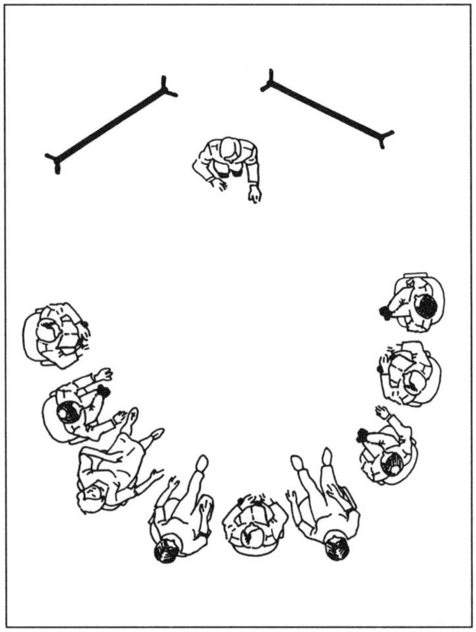

Abb. 79: Bewährt in der Aus- und Weiterbildung: Der Halbkreis um die Pinwände.

Zwischen den Pinwänden bleibt eine Lücke (»Elefantenschlupfloch«).

die Fläche genadelt oder geklebt werden. Einzelne Wörter lassen sich recht flott anschreiben. Lückentext, in dem die Schlüsselwörter nach und nach ergänzt werden, lehnen wir ab. Man sucht bei derartigen Präsentationen mehr nach dem, was in den Lücken fehlt, als daß man dem Vortrag folgt.

Auch fertige Visualisierungen, man denke nur an Ergebnisse von Gruppenarbeiten, vorangegangenen Arbeitsprozessen oder moderierten Besprechungen, brauchen nicht sofort als Ganzes dargestellt werden.Bisweilen empfiehlt es sich, einen Teil einer Pinwand zuzuhängen oder ein Papier umzuknicken, und das Plakat erst an passender Stelle zu enthüllen. Bei Klapptafeln versteckt man Bilder und Text, die noch nicht sichtbar sein sollen, auf den Tafelinnenseiten.

Zwischen Pinwand und Publikum - Präsentationen geschickt inszenieren

Damit für den Präsentator der Platz zwischen Pinwand und dem Publikum nicht zu »eng« wird, und er sich nicht zwischen beiden aufreiben läßt, gibt es einige Anhaltspunkte für gelungene Präsentationen. Eine bewährte Sitzordnung ist der Halbkreis um Pinwände oder Flipchartständer. (Vgl. Abb. 79) Bei der Tafel ist eine Zentrierung oft komplizierter.

Mehrere Pinwände nebeneinander sollten nicht ganz eng aneinandergestellt werden. Zwischen beiden bleibt das sogenannte »Elefantenschlupfloch«. Es ist keine Fluchtmöglichkeit vor dem Zuhörer, sondern der Referent kann vor den Pinwänden stehen, ohne etwas zu verdecken, und hinter die Pinwände gehen, wo notwendiges Material bereit liegt.

Nur der »Pattexreferent« mit Klebstoff an den Füßen bleibt an seinem Platz während des ganzen Vortrags stehen, normalerweise wechselt der Referent öfter seinen Platz. Dadurch wird schon vermieden, daß er eine Seite des Publikums vernachlässigt oder immer für dieselben Zuhörer etwas verdeckt. Wir haben es uns angewöhnt, uns zwischendurch auch in den Halbkreis zu den Teilnehmern zu setzen, um eine Visualisierung zu kommentieren. So ist der Blick zur Tafel oder zur Pinwand frei.

Unter Referenten mit vorbereiteten Bildern und Plakaten gibt es zwei Extreme: Die einen schauen fast nur ihr Plakat an, sprechen zum Plakat hin und haben wenig Kontakt zum Publikum, die anderen beziehen die Visualisierung nicht in das Referat mit ein, und man hat als Zuhörer Schwierigkeiten, Sprache und Bild in Einklang zu bringen. Optimal ist hier nicht die Mitte, sondern: So viel Kontakt mit den Zuhörern wie möglich, so viel Blick zur Visualisierung wie nötig! Gelegentlich leistet hier ein Zeigestock gute Dienste. Statt auf einen Begriff zu zeigen, den man hervorheben möchte, kann man ihn auch mit Filzstift farbig unterstreichen oder mit Wachsmalkreiden unterlegen.

Ein wesentliches Moment gelungener Präsentation ist die Abstimmung zwischen Vortrag und Visualisierung. Beides sollte auf keinen Fall identisch sein, d.h. auf das Vorlesen von Pinwänden und Tafelbildern kann auf alle Fälle verzichtet werden.

Greifen wir als Beispiel eine Präsentation von »5 goldenen Regeln für den neuen Abteilungsleiter« heraus. Der erste Punkt ist die Gerechtigkeit. Als zweite Regel hebt der Referent die Bereitschaft zur Teamarbeit im Vortrag hervor, als Zusammenfassung wird das dazugehörige Bild (an ei-

Abb. 80: Während des Vortrags wird zu jedem Punkt ein Bild angenadelt: 1. Der Abteilungsleiter soll gerecht sein! 2. Er muß mit den Mitarbeitern an einem Strang ziehen.

nem Strang ziehen) befestigt. (Abb. 80)
Auch umgekehrt ist es möglich. Ein Diagramm wird ausgehängt, z.B. über die Zinsentwicklung der letzten Monate, der Referent läßt schweigend Zeit zum Betrachten und

kommentiert dann das Bild.

Beim Entwickeln von Visualisierungen während eines Vortrags haben sich Darstellungen bewährt, die von einem Zentrum ausgehen und sich rundherum entwickeln.

Gelegentlich bietet sich auch die Möglichkeit an, ein Bild nicht zu montieren, sondern zu demontieren. Abb. 81 zeigt ein Referat zum Thema »Müll«, bei dem aus der ursprünglich vollen Mülltonne nach und nach die Anteile entfernt und »entsorgt« werden.

Sehr vielseitig sind Mind-Maps für Präsentationen einsetzbar. Mehr als andere Visualisierungen beziehen sie das Publikum aktiv ein, weil Ergänzungen, Einwände oder ganz neue Aspekte zu der Thematik problemlos aufgenommen werden können. Zudem erlaubt die Technik des Mind-Mapping, gleichzeitig eine Strukturierung und viele Inhalte in einem Plakat darzustellen, ohne dabei an Übersichtlichkeit zu verlieren.

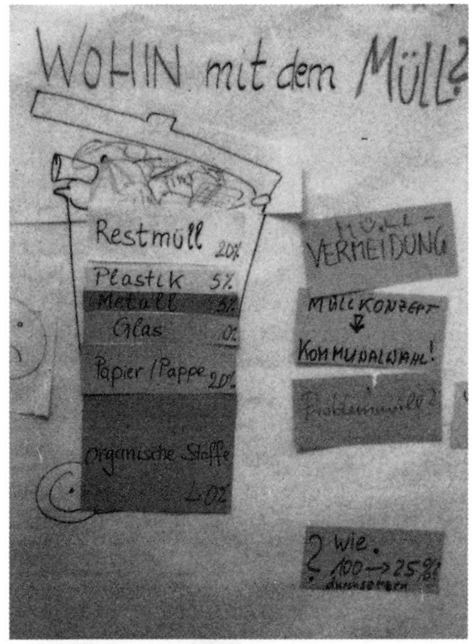

Abb. 81: Statt stufenweisem Aufbau hier schrittweise Demontage: Die Mülltonne wird geleert, das Müllproblem aus der Welt geschafft .

Pinwand, Flipchart und Tafel als Sammel- und Ordnungsflächen

Erwachsene haben mehr als Kinder Wissen und Erfahrungen angesammelt und gespeichert. Lernen heißt für sie dann oft weniger, daß in klassischer Lehrer-Schüler-Situation Wissen vermittelt wird, sondern, daß in einer Gruppe

Ideen, Informationen und Problemlösungen zusammengetragen und geordnet werden. Es kommt also darauf an, mit geeigneten Techniken das Potential der Erwachsenen in der Gruppe zu nutzen.

Zuruflisten, Kartenabfrage und Mind-Mapping auf Zuruf - drei Techniken

Wir verwenden zum Sammeln von Ideen und Informationen auf Pinwand und Tafel vor allem drei Techniken, die zum Teil aus dem Répertoire der klassischen Moderationsmethode stammen, oder alternativ dazu entwickelt wurden:

Abb. 82: Zurufe werden nach dem Reißverschlußprinzip aufgeschrieben.

• Zuruflisten

Zur Vorbereitung werden zwei mit Papier bespannte Pinwände oder Flipchartständer nebeneinander gestellt. Der Moderator sucht zwei Schreiber und bittet sie, groß und deutlich zu schreiben und möglichst wenig abzukürzen.

Vorteile dieser Methode sind die Geschwindigkeit, mit der so eine Zurufliste gefüllt wird (selten länger als ein paar Minuten), sowie das weitgehende Vermeiden von Wiederholungen. Zudem gehen von jedem Zuruf wieder neue Anregungen zum Weiterdenken aus.

Der Nachteil wird schnell klar, wenn es ans Weiterarbeiten geht. Die Zuruflisten lassen sich schwerer ordnen als z.B. Karten. Geordnet werden kann trotzdem z.B. durch Farbe: zusammengehörige Zurufe werden mit gleichen Farben unterstrichen oder sonst gekennzeichnet. Wenn es nötig ist, werden Zuruflisten auseinandergeschnitten oder - weil das doch sehr mühsam ist - geordnet noch einmal aufgeschrieben.

Eine Beispielsituation: In einer Textilfirma sollen nach vielen Negativerfahrungen die Betreuer der Zulieferfirmen in Südostasien trainiert werden. 12 Beschäftigte, die schon einmal in Korea, Indien oder Indonesien waren, sitzen zur Vorbereitung zusammen.
Eine kurze inhaltliche Einführung führt zu dem Satzanfang: Sinnvolle Bestandteile des Südostasien–Trainings sind...
Der Moderator läßt den Teilnehmern eine Minute Zeit zum Nachdenken, dann bittet er um ungeordnete Zurufe. Die Schreiber notieren im Reißverschlußverfahren (1. Zuruf 1. Schreiber, 2. Zuruf 2. Schreiber 3. Zuruf 1. Schreiber...). Der Moderator achtet darauf, daß kein Zuruf verlorengeht. Er läßt zum Schluß, wenn die Zurufe langsamer erfolgen, noch etwas Zeit und schließt dann die Zurufliste ab.

• Kartenabfrage

Kartenabfragen gibt es inzwischen in allen möglichen Variationen je nach Moderationstraining. Wir haben mit folgendem Ablauf die besten Erfahrungen gemacht:

Nach der inhaltlichen Einführung wird die Frage an die Pinwand geschrieben oder angeheftet. Das Verfahren wird kurz erklärt, eine Musterkarte dient zur Verbesserung der Schriften. Dann schreiben die Teilnehmer ihre Ideen auf Karten und heften sie selbst an. Bei geringen Teilnehmerzahlen ist eine Begrenzung nicht nötig, jeder schreibt seine Ideen auf, immer pro Gedanke eine Karte. Bei größeren Gruppen ist es angebracht, die Kartenzahl durch geeignete Methoden zu begrenzen. Es sollten möglichst nicht mehr als 30 bis 40 Karten an der Sammelpinwand hängen.

Abb. 83:
Bei der Kartenabfrage heften Teilnehmer ihre Karten selbst an.

Vor dem Ordnen der Karten stehen die Teilnehmer während der Kartenabfrage wie bei einer Stehparty um die Pinwand, lesen die ungeordneten Karten, prüfen die Verständlichkeit und fragen inhaltlich nach. Die thematische Ordnung der Karten leitet der Moderator mit der Frage ein, welche Karten zusammengehören. Sie werden dann auf eine zweite Pinwand umgehängt. Die übrigbleibenden Karten werden gemeinsam durchgesehen: Lassen sie sich einer schon bestehenden Säule zuordnen? Wird mit ihnen eine neue Kategorie angefangen?

Abb. 84:
Karten ordnen: Numerierte Säulen auf einer zweiten Pinwand.

Weitergearbeitet werden kann mit der Benennung der Säulen durch Überschriftenkarten. Wenn nötig, können durch Klebepunkte die Themen, an denen das meiste Interesse besteht, festgelegt werden.

Diese Arbeitstechnik kommt normalerweise nicht ohne Pinwände aus. Inzwischen gibt es allerdings auch relativ große selbstklebende Notizzettelblocks (quer halbiertes DIN A5 Format), mit dem eine Kartenabfrage im Prinzip auf jeder halbwegs glatten Fläche (z.B. auf der Tafel) gemacht werden kann. Allerdings bietet sich auch in diesem Falle eine Bespannung mit Pinwandpapier an. (Vgl. Seifert, Pattay 1989, Klebert, Schrader, Straub 1985)

• Mind-Mapping auf Zuruf

Voraussetzung ist ein Moderator, der über einige Erfahrung mit der Mind-Mapping-Technik verfügt. Das bedeutet auch, daß er eine flotte Pinwandschrift beherrscht.

Er führt in ein Thema ein. Eine kurze methodische Erklärung ist zwar nicht unbedingt nötig, erleichtert aber die Konzentration der Teilnehmer auf die Inhalte. Wer nämlich zum ersten Mal sieht, wie der Mind-Map-Krake seine Arme entfaltet, achtet vermutlich mehr darauf, als auf die jeweilige Fragestellung. Die Teilnehmer sitzen um eine Tafel oder die bespannte Pinwand. Der Moderator notiert oder zeichnet die Fragestellung, das Thema in der Mitte, schreibt einen oder zwei Hauptäste an und vielleicht auch einige Unterpunkte. Dann bittet er Teilnehmer um Mitarbeit, wenn sich diese an diesem Punkt nicht ohnehin von selbst eingestellt hat. Der Moderator ordnet die Zurufe ein. Bald sprudeln die Ideen ganz wild. Wenn der Ideenstrom langsamer fließt und schließlich nur noch tröpfelt, leitet der Moderator in die Abschlußphase über, in der Lücken erkannt, gefüllt und insgesamt Vollständigkeit angestrebt wird. Hilfreich dazu sind Fragen wie: Fehlen uns noch wichtige Aspekte? Gibt es zu diesem Hauptast noch Unterpunkte?

Abb. 85:
Mind-Mapping auf Zuruf: Eine andere Art, Ideen auf Pinwänden zu sammeln.

Im weiteren werden zusammengehörige Aspekte, Wechselbeziehungen usw. durch Pfeile, Symbole oder Farben gekennzeichnet. Eine Reihenfolge kann durch Numerierung festgelegt werden.

Die Weiterarbeit orientiert sich am jeweiligen Verwendungszweck: Mit welchen Punkten wollen wir uns weiter beschäftigen? Was ist zu klären? Was hat Vorrang? Oder: Wer übernimmt was? Oder: Was müssen wir als nächstes angehen? Gekennzeichnet wird mit Kontrastfarben oder mit angenadelten Karten aus dem Moderationskoffer.

Geeignete Inhalte und passende Fragen

Mehr oder weniger neue Techniken bewirken auch im Bereich des Arbeitens mit Gruppen oft Faszination, was dazu führt, daß sie überstrapaziert und auch dort eingesetzt werden, wo sie wenig effektiv sind.
Das geht manchmal so weit, daß mühsam mit Karten und Pinwänden Ideen gesammelt werden, ohne daß anschließend mit diesen Sammlungen irgend etwas geschieht. Mind-Mapping, Zuruflisten und Kartenabfragen passen auch nicht zu allen Inhalten und für alle Themen. Ungeeignet sind sie auf alle Fälle, wenn Teilnehmer über wenig oder keine Erfahrungen zu der Fragestellung verfügen. In einem Trainerseminar für Anfänger deren methodisches Répertoire abzufragen, macht wenig Sinn. Wenn Erfahrung und Wissen schon vorhanden sind, nützen diese Techniken, und je größer, aber auch heterogener die Ideen zu einem Thema und zu einer Fragestellung sind, um so effektiver läßt sich mit ihnen arbeiten.

Dazu ist die Formulierung der Fragestellung entscheidend. Präzise und nicht allgemein gehaltene Fragen führen zu genauen und detaillierten Karten oder Zurufen. Zwar regt eine ganz offene Fragestellung (z.B.: Wie können wir unseren Vertrieb besser organisieren?) zu sehr vielen Vorschlägen an, die aber ähnlich allgemein ausfallen werden (z.B. Mitarbeiter-Motivation, Rationalisierung), und eine weitere Vertiefung nötig machen. Besser ist die Frage: Wie können wir beim Packen der Lieferungen Zeit und Material sparen?

Zu prüfen ist auch, ob Inhalt, Frageformulierung und Technik zusammenpassen. Fragen, die sehr viele ähnliche Gedanken und Aussagen hervorrufen, sind für eine Kartenabfrage ungeeignet, weil man sehr viele gleichlautende Karten erhält. Bei den Zuruflisten ist das kein Problem. Die Frage nach Vor- und Nachteilen einer Fremdfirma für die Leitung der Kantine ist für Mind-Mapping weniger geeignet als für Zuruflisten (Pro und Contra auf getrennten Listen) oder Kartenabfrage (grüne Karten für Pro und rote für Contra).

Arbeits- und Lernprozesse strukturieren und visualisieren

Eine Domäne der drei Dauermedien ist die Visualisierung des Ablaufs einer Veranstaltung oder der Struktur eines Themenfeldes. Die einfachste Form ist das Aufschreiben einer Gliederung oder eines Programms am Anfang. Weshalb ist diese Strukturierung so wichtig? Jeder, der als Teilnehmer schon verzweifelt, aber vergeblich einen roten Faden in einer Veranstaltung gesucht hat, weiß die Vorteile eines Überblicks zu schätzen. Man kann den jeweiligen Inhalt anhand eines schriftlichen Überblicks in die Gesamtthematik besser einordnen. Orientierungshilfe ist der Überblick auch für alle, die eine gewisse Zeit nicht teilgenommen oder aus verschiedensten Gründen einfach einmal abgeschaltet haben.

Die visualisierte Strukturierung erleichtert dazu die Speicherung im Gedächtnis. Weder Einzelheit um Einzelheit noch ein diffuser Gesamtblock, sondern thematische Teilbereiche werden so behalten. Für manchen Erwachsenen

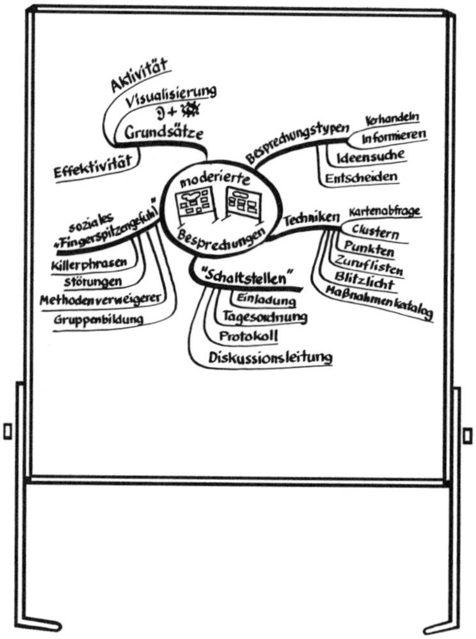

Abb. 86:
Mind-Maps haben sich für die Strukturierung von Trainings und Seminaren bewährt. Sie geben am Anfang mit den Hauptästen einen groben Überblick und wachsen während der Veranstaltung.

hat sich ein individueller Tagesrückblick bewährt. Das sind dann die Teilnehmer an Kursen, die am Abend nicht sofort zum Essen stürmen, sondern noch etwas sitzenbleiben und überlegen: Was haben wir heute gearbeitet? Hier funktioniert die Struktur wie eine Checkliste.

Das sind auch Argumente gegen eine Strukturierung auf dem Arbeitsprojektor. Wer nur einen Überblick per Folie gibt, reduziert die Funktion dieser Strukturierung auf eine bloße Programmansage. Sicher ist es leichter, eine Folie aus der Tasche zu ziehen, als für jede Veranstaltung neu den Überblick auf Pinwand, Tafel und Flipchart anzuschreiben, aber hier zahlt sich diese Mehrarbeit auf alle Fälle aus.

Dazu kommt ein wesentlicher Einfluß auf die Leiter-Teilnehmerbeziehung. Ein fertiges Flipchartblatt mit von Nadelstichen ausgefransten Ecken zeigt, das es schon oft benutzt wurde. Der Teilnehmer fühlt sich in einem Routinelehrgang. Positiver wirkt eine für jeden Lehrgang eigens geschriebene und gestaltete Übersicht. Wer sich dieses Vorgehen aneignet, wird auch sein Programm und den Ablauf tatsächlich mehr auf die Gruppe abstimmen und nicht, weil das Plakat ohnehin schon da ist, nach derselben Ordnung arbeiten.

Flipcharts und Pinwände als Hilfen für Gruppenarbeiten

Arbeits- und Lernprozesse bei Erwachsenen laufen oft im Wechsel von Plenums- und Kleingruppenphasen ab. In diesen Gruppen leisten vor allem Pinwände und Flipcharts wertvolle Hilfen. Große Papierbögen können Arbeitsaufträge und -hilfen enthalten. Mündliche Arbeitsaufträge führen in der Regel zu überflüssigen, aber sehr komplizierten

Diskussionen, was nun eigentlich zu tun sei. Mit aufgeschriebenen und für jeden Teilnehmer kopierten Hinweisen läßt sich diese Schwierigkeit umgehen. Jedoch fallen diese Aufträge dann oft sehr lange aus. Wer beschränkt sich bei schriftlichen Aufträgen aber wirklich auf nur zwei oder drei Sätze? Die besten Erfahrungen machen wir deshalb immer wieder mit Aufträgen auf dem Flipchart. Das Medium zwingt den Gruppenleiter oder Moderator zu ganz knappen Formulierungen, die Aufträge können einfach in Gruppenräume mitgenommen und dort aufgehängt werden und sind dann immer allen vor Augen. Auch die Möglichkeit, die Arbeitsaufträge dem aktuellen Diskussionsstand in der Gruppe anzupassen, spricht gegen Kopien und für Flipchartbögen.

Pinwände und Flipchartbögen dienen im weiteren nicht nur als Arbeitsflächen für Kleingruppenphasen. Der Leiter der Gruppe bzw. Moderator hat auch die Möglichkeit, die Arbeitsphase bzw. das angestrebte Ergebnis vorzustrukturieren. In der Moderationsmethode wird hier häufig ein Fadenkreuz verwendet. Es enthält oft Beschriftungen wie in Abb. 87. Dieses Fadenkreuz oder »Szenario« eignet sich allenfalls dann, wenn ein externer Moderator als Fachmann für die Methode einen Gruppenprozeß lenkt, aber inhaltlich nicht eingebunden ist. Es treten immer wieder Schwierigkeiten auf, weil Gruppen ganz andere Kategorien finden und die vier Quadranten und ihre nur scheinbar immer und überall einsetzbaren Überschriften mehr zur Verwirrung als zur Arbeitsstrukturierung beitragen. Der Moderator, der auch inhaltlich fit ist, gibt präzisere Zielangaben in die Gruppenarbeiten mit.

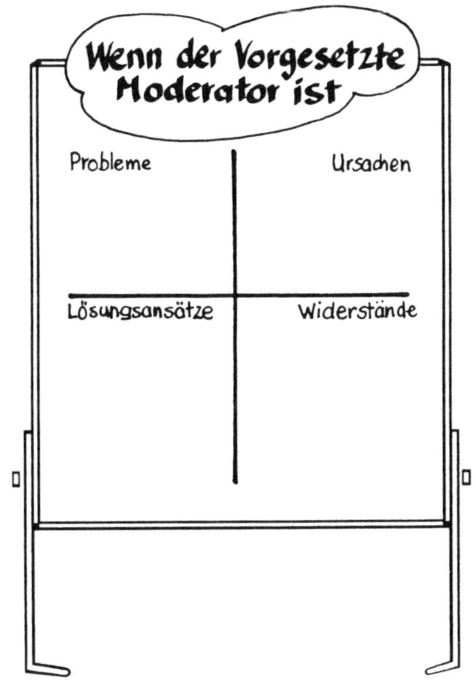

Abb. 87: Das Fadenkreuz als Hilfe für Gruppenarbeiten. Manche Gruppen fühlen sich durch solche Strukturierungen eingeengt, andere nehmen sie gern an.

Arbeitsergebnisse sichtbar machen und festhalten

Auf Tafel, Flipchart und Pinwand werden schließlich auch die Ergebnisse für alle sichtbar gemacht und festgehalten. Dazu gehören Visualisierungen von Informationen und Präsentationen, Ergebnisse von Gruppenarbeiten, von Analysen und Besprechungen.

Das braucht nicht nur die aufgeschriebene oder gezeichnete Quintessenz der Arbeit zu sein, die einzelnen Arbeitsschritte oder Teilergebnisse sind oft ebenfalls wichtig. Ergebnisse können auch als Beschlüsse und Entscheidungen etwa in einem Aktions- oder Maßnahmenkatalog aufgeschrieben werden.

Die Bedeutung visualisierter Ergebnisse

- Viele Menschen vermissen am Ende von Lern- und Arbeitsprozessen das Gefühl, etwas Sichtbares, Greifbares geschaffen zu haben. Das Sichtbarmachen, Festhalten, Aufschreiben und Aufzeichnen der Arbeitsergebnisse wirkt dem entgegen. Die Visualisierung am Ende rundet nicht nur ab, mit ihr läßt sich in der jeweiligen Gruppe ein Konsens über die Lern- und Arbeitsphase herstellen. Wenn Ursachen z.B. für den Produktivitätsrückgang untersucht werden, müssen am Ende diese Ursachen auch auf der Pinwand oder auf einem anderen Medium sichtbar werden. Nur so kann festgestellt werden, ob alle Teilnehmer das Ergebnis auch so akzeptieren - oder ob Widerstände und Einwände nicht ebenfalls festgehalten werden müssen. Das gilt noch mehr, wenn am Ende einer Arbeitsphase Beschlüsse stehen, die gemeinsam zu tragen und umzusetzen sind.

- Ergebnisse festhalten heißt oft: wiederholen, zusammenfassen, reduzieren, akzentuieren. Damit werden aber auch Brücken zum Gedächtnis geschlagen und Lernhilfen gegeben.

- Eine dritte Bedeutung fixierter Arbeitsergebnisse hängt mit dem Phänomen Ownership zusammen: Wenn eine Visualisierung von einer Einzelperson oder einer Gruppe erstellt ist, identifizieren sich diese Teilnehmer ganz besonders mit den Inhalten. Ein geschickter Gruppenleiter oder Moderator fördert das Gefühl »Das ist unser Arbeitsergebnis!«, »Das haben wir geschaffen!« oder »Das Ergebnis gehört der Gruppe!« Kein Beitrag eines Teilnehmers, etwa eine Karte, darf abgenommen oder gar zerrissen werden. Gruppenergebnisse können die Namen der Gruppenteilnehmer enthalten, und Teilnehmer selbst erstellen sinnvollerweise ein Ergebnisplakat. Daß dies wenig praktiziert wird, hängt auch mit Schulerfahrungen zusammen, wo die Tafel das Medium des Lehrers ist, auf der sich Schüler mehr oder weniger blamieren können, Unterrichtsergebnisse aber auch dann vom Lehrer angeschrieben werden, wenn sie zuvor in einem schülerorientierten Unterricht von Schülern formuliert wurden.

Arbeitsergebnisse sichtbar machen - aber wie?

Der Idealfall sieht so aus: Alle Plakate und Flipcharts aus einer Veranstaltung werden an den Wänden befestigt. Sie sind so geordnet und mit Überschriften versehen, daß jeder Teilnehmer einen Überblick über die geleistete Arbeit hat und sie notfalls nochmals nachvollziehen kann. Wichtige Plakate werden durch Einrahmungen, Pfeile oder Höherhängen deutlich herausgehoben.Die Pinwände enthalten am Ende nicht unbedingt die letzten, sondern die wichtigsten Inhalte.

Abb. 88:
Im Idealfall stehen viele Pinwände zur Verfügung, auf denen die Arbeitsergebnisse aus jeder Phase sichtbar bleiben.

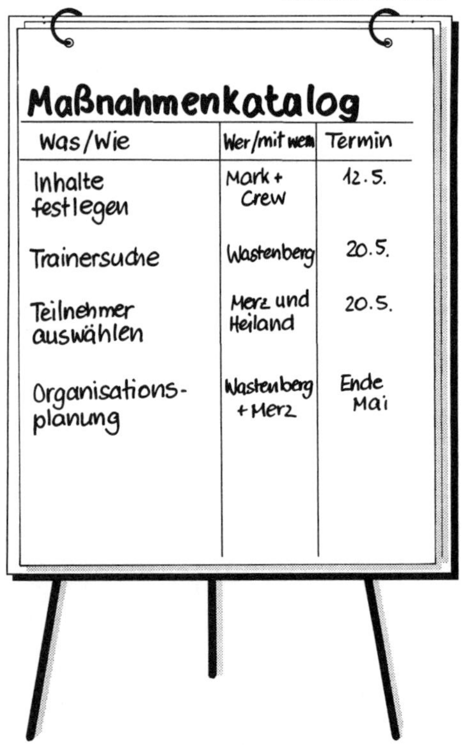

Abb. 89:
Ein Maßnahmenkatalog enthält beschlossene Folgeaktivitäten - ideal auf dem Flipchart.

Das »Mitwachsen« des Raumes mit dem Lernprozeß (Vgl. Abb. 88) scheitert oft an großen Fensterfronten, an Wandanstrichen, die zwar schön, aber eben auch empfindlich sind - oder an einer begrenzten Zahl von Pinwänden. Wir behelfen uns manchmal mit an der Wand gespannten Schnüren, an denen mit großen Büro- oder normalen Wäscheklammern Plakate und Papiere ausgehängt werden. Trotzdem kann nicht immer alles ausgestellt werden. Bei der Auswahl ist nicht nur auf den Inhalt zu achten, sondern mit einem gewissen sozialen Fingerspitzengefühl auch darauf, daß niemand »zu kurz« kommt.

Sind Folgeaktivitäten in Form der Ausführung von Beschlüssen, der Vorbereitung weiterer Besprechungen oder der Durchführung von Maßnahmen vorgesehen, ist ein Maßnahmenkatalog angebracht (Abb. 89). Er enthält in der ersten Spalte die zu erledigenden Arbeiten, über die Konsens hergestellt ist, in einer zweiten die ausführenden Personen (wer mit wem?) und in einer dritten den Erledigungstermin.

Lernergebnisse zum Mitnehmen - Protokolle von Tafel, Flipcharts und Pinwänden

Einen großen Vorteil haben Folien gegenüber Pinwänden: Sie werden auf den Kopierer gelegt und für's Protokoll vervielfältigt. Die vergleichsweise schlechte Protokollierbarkeit von Pinwand, Flipchart und Tafel läßt sich allerdings durch mehr oder weniger aufwendige Verfahren ausgleichen.

Am einfachsten ist das, was seit Jahrhunderten schon Schüler mit der Tafel machen: abschreiben. Dem unbestreitbaren Plus des Einprägens beim Abschreiben stehen Nachteile entgegen: Das Abschreiben kostet Zeit und weckt oft Unmut. Eine abgeschriebene Pinwand sieht nie so aus wie ein Original und gerade visuell orientierte Lerner haben damit Schwierigkeiten.

Technisch aufwendig, aber praktisch sind Copy-Boards. (Vgl. Abb. 90) Das sind Tafeln im Flipchartformat, meist waagerecht und senkrecht aufstellbar mit eingebauter Kopiereinrichtung auf DIN A4. Auf die Schreibfläche (Schreibfolie auf Endlosrolle) wird mit Filzstiften geschrieben. Jedes Blatt kann in kurzer Zeit mehrfach kopiert werden. Copy-Boards stehen in der Regel auf Rollen.

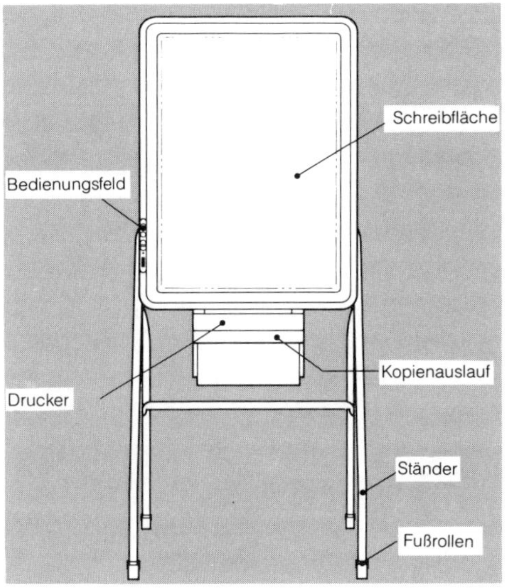

Abb. 90:
Copy-Boards - Flipcharts mit viel Technik

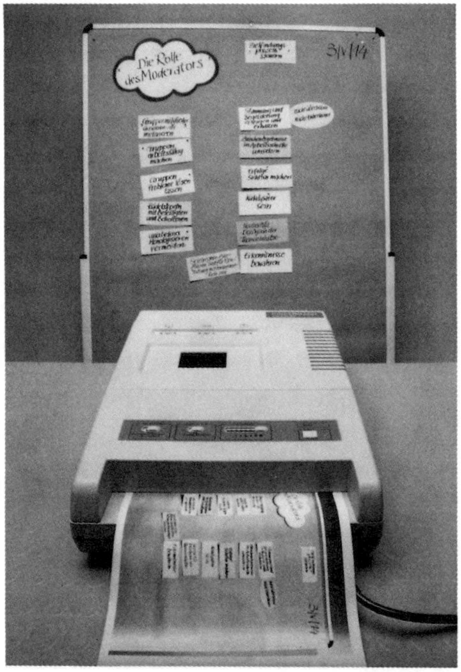

Abb. 91: Braucht gutes Licht: der Pinwand-Protokoll-Kopierer

Der Pinwand-Protokollkopierer wird wie ein Fotoapparat vor einer Pinwand aufgestellt und bildet diese im DIN A4 Format ab. Nötig sind dazu allerdings eine sehr gute Ausleuchtung und klare Kontraste. Da der Kopierprozeß einige Sekunden dauert, können Personen vor der Pinwand nur schlecht mit abgebildet werden.

Am häufigsten wurden Pinwände, Flipcharts und Tafeln fotografiert. Wer ein Simultanprotokoll erstellen und den Teilnehmern möglichst gleich mitgeben will, verwendet dazu eine gute Sofortbildkamera. Die Bilder werden beim Kopieren gleich vergrößert.

Besser werden die Fotos mit einer Kleinbildkamera, allerdings dauert es dann länger, bis ein Protokoll fertig ist. Bei einem feinkörnigen Film (50-100 ASA) kann man ohne Blitz arbeiten und so Spiegelungen vermeiden. Wer mit Blitz arbeitet, achtet darauf, daß die Pinwände mit der matten Seite des Pinwandpapiers nach vorne bespannt werden. Auch so gibt es weniger Spiegelungen. Blaue und dünne Stifte sind auf Fotos sehr schlecht zu sehen, sie geben zu wenig Kontrast. Dunkle Karten (rote, grüne und vor allem blaue) sind aus demselben Grund zu meiden, helle Pastelltöne eignen sich dagegen sehr gut für Fotoprotokolle.

Weil sich manche Pinwandschriften in der Verkleinerung auf DIN A4-Format schlecht lesen lassen, wird bisweilen mit Vergrößerungen auf DIN A3-Papier gearbeitet. Das gibt aber unhandliche »Geheft e« oder ein viel zu kompliziertes Faltprotokoll.

Einige Firmen bieten den Service an, Fotoprotokolle aus eingeschickten Plakaten zu erstellen. Die enthalten dann aber keine »Action-Bilder«, und gerade die sollten eigent

Abb. 92:
Das Fotoprotokoll enthält auch »Action-Bilder« von den Teilnehmern.

lich nicht fehlen. Im Gedächtnis an einen Gruppenprozeß sind nicht nur Pinwände und Inhalte, sondern auch die Abläufe und die Menschen gespeichert, und ein Protokoll hat ja immer auch die Funktion einer Gedächtnisstütze. Dazu helfen auch kurze Kommentierungen zu den Bildern.

Alt, R. (1966). Bilderatlas. Zur Schul- und Erziehungsgeschichte. Berlin: Volk und Wissen Volkseigener Verlag.

Ballstaedt, S.-P.* (1991). Lerntexte und Teilnehmerunterlagen. In H. Will (Hrsg.), Mit den Augen lernen. Medien für die Aus- und Weiterbildung. Weinheim: Beltz Verlag für Weiterbildung (Heft 2).

Bäumler, C.* (1991). Lernen mit dem Computer. In H. Will (Hrsg.), Mit den Augen lernen. Medien für die Aus- und Weiterbildung. Weinheim: Beltz Verlag für Weiterbildung (Heft 6).

Bataillard, V.* (1984). Pinwand-Moderations-Technik. Zürich: Organisator.

Brandt, R.* (1986). Flip Charts. How to Draw Them and How to Use Them. Brandt Management Group, USA.

Buzan, T. (1984). Kopftraining. München: Goldmann.

»Bunte Stinker« (1988). Filzstifte im Test - Ergebnisse aus der Zeitschrift »natur«, 12/88.

Czischos, R. (1990). Change-Management. Konzepte, Prozesse, Werkzeuge für Manager, Verkäufer, Berater und Trainer. München/Basel: Ernst Reinhardt

Friedrichs, K., Meyer, H., Pilz, E. (1982). Unterrichtsmethoden - Verlag Universität Oldenburg.

Fröhlich, A. (1974). Die auditiven, visuellen und audiovisuellen Unterrichtsmittel. Basel: Beltz.

Gaede, W. (1981). Vom Wort zum Bild. München: Langen-Müller.

Gelb, M.J. (1989). Überzeugend reden, erfolgreich auftreten. Berlin: Synchron Verlag.

Gründer, G. Georg, W., Kahl, O. (1982). Kleines Berufspädagogisches Lexikon. Bielefeld: Bertelsmann.

Grüneisl, G., Zacharias, W. (1981). PA-Schnippelbuch Nr. 1. Materialienbuch aus der Reihe: Aspekte Ästhetischer Erziehung. Hrsg. Grüneisl u.a. Nürnberg.

Heidack, C. (1987). Neue Lernorte in der beruflichen Weiterbildung. Berlin: Erich Schmidt Verlag.

Hentig, H. v.* (1984). Das allmähliche Verschwinden der Wirklichkeit. Ein Pädagoge ermutigt zum Nachdenken über die Neuen Medien. München, Wien: Hanser Verlag.

Hoberg, G. (1988). Training und Unterricht. Stuttgart: Klett.

Kittelberger. R., Freisleben, I.* (1991). Lernen mit Video und Film. In H. Will (Hrsg.), Mit den Augen lernen. Medien für die Aus- und

Weiterbildung. Weinheim: Beltz Verlag für Weiterbildung (I Ieft 5).

Kirckhoff, M.* (1988). Mind-Mapping. Berlin: Synchron.

Klebert, K., Schrader, E. & Straub, W.G.* (1985). KurzModeration. Hamburg: Windmühle.

Klebert, K., Schrader, E. & Straub, W.G.* (1987). Moderations-Methode. Hamburg. Windmühle.

Koch, R. (1921). Das Schreiben als Kunstfertigkeit. Leipzig: Verlag des Deutschen Buchgewerbe-Vereins.

Loeser, O./Könings, W. (1982). Tafelbild, Arbeitstransparent, Arbeitsblatt im Unterricht. Bd. 5, Wirtschaftspädagogische Perspektiven. Hrsg. Schannewitzky, G. Darmstadt: Winklers.

Maras, R. (1979). Das Tafelbild im Unterricht. München: Lurz.

Michler, E. (1971). »Wandtafel« in: Lexikon der Pädagogik, Neue Ausgabe Vierter Band, Freiburg, Basel Wien: Herder.

Orf, J., Flick, K. (1986). AOL-Schnippelbilder-Taschenbuch 1 und 2, Lichtenau AOL-verlag.

Ruddies, G.H. & Willi, E. (1985). Denkzeichnen. München: Lexika.

Salberg-Steinhardt, B. (1983). Die Schrift. Köln: Dumont.

Schiffler, H., Winkeler, R. (1985). Tausend Jahre Schule. Eine Kulturgeschichte des Lernens in Bildern. Stuttgart, Zürich: Belser.

Schnelle-Cölln, T.* (1976). Visualisierung. Quickborn: Metaplan.

Schrader, E. & Biehne, J. (1984). Auswählen, Verdichten, Gestalten. Hamburg: Windmühle.

Schrader, E., Gottschall, A., Runge, T. (1984). Der Trainer in der Erwachsenenbildung. Rolle, Aufgaben, Verhalten. München, Wien: Hanser.

Seifert, J.W., Pattay, S.* (1989) Visualisieren - Präsentieren -Moderieren. Speyer: GABAL

Weidenmann, B. (1991). Lernen mit Bildmedien. In H. Will (Hrsg.), Mit den Augen lernen. Medien für die Aus- und Weiterbildung. Weinheim: Beltz Verlag für Weiterbildung (Heft 1).

Will, H. (1991). Arbeitsprojektor und Folien. In H. Will (Hrsg.), Mit den Augen lernen. Medien für die Aus- und Weiterbildung. Weinheim: Beltz Verlag für Weiterbildung (Heft 4).

Zelazny, G. (1985). Wie aus Zahlen Bilder werden. Wiesbaden: Gabler

(Die mit * gekennzeichneten Literaturangaben vertiefen das Thema)

Abb. 1, 2, 4: Katalog Firma A. Betzold, 7090 Ellwangen-Rindelbach; **Abb. 3:** Katalog Firma A.F. Mörtel, 8540 Schwabach; **Abb. 5:** Verwandlungsbild 1896 aus: Schiffler, H., Winkeler, R. (1985), Tausend Jahre Schule, Stuttgart, Zürich; Belser; **Abb. 6:** Katalog Firma Schwan Stabilo; **Abb. 8 aus:** Grüneisl, G., Zacharias, W. (1981): PA-Schnippelbuch Nr. 1, Nürnberg, S. 480; **Abb. 9:** Katalog Firma Maiss, 8000 München; **Abb. 10:** Foto Grabe; **Abb. 12:** Brandt, R. (1986): Flip Charts, USA, S. 69; **Abb. 13, 32:** Alt, R. (1966) Bilderatlas, Berlin, S. 212 u. 288; **Abb. 14, 15, 91:** Katalog Firma Neuland, 6405 Eichenzell; **Abb. 21:** Katalog Fa. Nitor, 2000 Hamburg 52; **Abb. 22:** Seiffert, J.W., Pattay, S. (1989) Speyer, S. 84; **Abb. 26 aus:** Reicke, E. (1901). Magister und Scholaren: Leipzig, S. 98; **Abb. 34:** Katalog Firma Wehrfritz, 8634 Rodach; **Abb. 37, 53 aus:** Ruddies, G.H. & Willi, E. (1985). Denkzeichnen. München, Lexika. S. 79 u.; **Abb. 61:** Siemens Bildmappe; **Abb. 70:** Aus Gelb, M.J. (1989), Überzeugend reden, erfolgreich auftreten. Berlin: Synchron, S. 97; **Abb. 90:** Katalog Firma Ricoh